HEGEL-STUDIEN BEIHEFT 28

HEGEL-STUDIEN

In Verbindung mit der Hegel-Kommission der Rheinisch-
Westfälischen Akademie der Wissenschaften

herausgegeben von
Friedhelm Nicolin und Otto Pöggeler

Beiheft 28

FELIX MEINER VERLAG
HAMBURG

JAKOB ZWILLINGS NACHLASS

EINE REKONSTRUKTION

Mit Beiträgen zur Geschichte
des spekulativen Denkens

Herausgegeben und erläutert
von
Dieter Henrich und Christoph Jamme

FELIX MEINER VERLAG
HAMBURG

Inhaltlich unveränderter Print-on-Demand-Nachdruck der Auflage von 1986, erschienen im Verlag H. Bouvier und Co., Bonn.

Bibliographische Information der Deutschen Nationalbibliothek

Die Deutsche Nationalbibliothek verzeichnet diese Publikation in der Deutschen Nationalbibliographie; detaillierte bibliographische Daten sind im Internet über ‹http://portal.dnb.de› abrufbar.

ISBN 978-3-7873-1540-6
ISBN eBook: 978-3-7873-2959-5
ISSN 0440-5927

INHALT

VORWORT

Das Interesse an der Frühgeschichte des Deutschen Idealismus und an der Genese der eigentlich spekulativen Periode der klassischen deutschen Philosophie ist noch verhältnismäßig jung. So wurde auch der Frankfurt-Homburger „Bund der Geister", jener Kreis, der sich am Ende des 18. Jahrhunderts um Hölderlin, Hegel, Sinclair und Zwilling gebildet hatte, in der philosophischen Forschung lange Zeit nicht ernstlich beachtet. Dies änderte sich erst 1905/06, als Wilhelm Dilthey in seiner großen Berliner Akademie-Abhandlung den jungen Hegel entdeckte und gleichzeitig auch (in seinem einflußreichen Hölderlin-Essay in dem Sammelband *Das Erlebnis und die Dichtung*) auf die Bedeutung Hölderlins für die Gedankenentwicklung des jungen Hegel aufmerksam machte. Nachdem dann mit Nohls Edition eine zureichende — wenn auch einseitige — Textgrundlage bereitgestellt war, wurde langsam auch die Bedeutung der philosophischen Gemeinschaft zwischen Hegel und Hölderlin im Tübinger Stift und während ihres Frankfurter und Homburger Aufenthaltes erkannt (E. Cassirer, J. Ebbinghaus, H.-G. Boehm, J. Hoffmeister).

Einen wesentlichen Anteil an der Entdeckung der Frühgeschichte der klassischen deutschen Philosophie zu Beginn des 20. Jahrhunderts hatten jüdische Gelehrte. Zwar schlug Martin Buber Diltheys Angebot aus, Hegels Jugendschriften herauszugeben, aber Franz Rosenzweig fand in der Auseinandersetzung mit (gerade auch dem jungen) Hegel zu sich selbst, was aus seiner Abhandlung über das *Älteste Systemprogramm* ebenso hervorgeht wie aus seinem — unter dem Einfluß Friedrich Meineckes entstandenen — Buch *Hegel und der Staat*. Neben Rosenzweig ist vor allem Ludwig Strauss zu nennen, dessen Bedeutung für die Erforschung der Ursprünge des deutschen Idealismus und insbesondere für die Deutung des Werkes von F. Hölderlin sehr hoch geschätzt werden muß. Doch ist Strauss — und gerade dies soll die vorliegende Publikation zeigen — auch als Vermittler wichtig. Unter seinem umfangreichen Nachlaß in der Jüdischen National-und Universitätsbibliothek Jerusalem findet sich wertvolles Material, das viele durch Krieg und Kriegsfolgen entstandene Lücken in der Dokumentenbasis zur Frühgeschichte des Idealismus schließen kann, denn das philosophische Gespräch zwischen den Freunden in Frankfurt/Homburg ist aus den überlieferten Zeugnissen nur recht schwer zu rekonstruieren. Von besonderer Wichtigkeit sind, neben den Bruchstücken seiner geplanten Hölderlin-Biographie und den Briefen zum *Systemprogramm*, jene Dokumente, die eine Rekonstruktion des verlorenen Nachlasses von Jacob Zwilling ermöglichen.

Warum ein so großes Interesse an einer scheinbaren Randfigur wie Zwilling? Nachdem, vom Hegel-Archiv Bochum und von Heidelberg aus, in der Mitte der 60er Jahre erstmals der gesicherte Nachweis eines Zusammen-

hangs der philosophischen Fragmente HÖLDERLINS und der Genese der Hegelschen Philosophie gelungen und damit das Interesse am *Theoretiker* HÖLDERLIN
geweckt worden war (das sich mittlerweile in einer Fülle von Arbeiten
dokumentiert), haben wir über Hegels Zusammenarbeit mit HÖLDERLIN in den
Jahren 1797 bis 1800 recht gute Kenntnisse. Es ging den Freunden um die
spekulative Begründung eines ,Systems', das imstande sein sollte, jede Form
von „Monarchie", d.h. die absolute Herrschaft eines Einzelprinzips auf welchem Gebiet auch immer, sei es innerhalb der Philosophie FICHTES absolutes
Ich oder KANTS kategorischer Imperativ, sei es der transzendente Herrscher-
gott der positiven Religion oder sei es der mit eben dieser Religion verbündete
Absolutismus, schon in der reinen Theorie zu widerlegen. An die Stelle der
FICHTESCHEN Subjektivitätsphilosophie, die als fixierende und trennende Reflexion kritisiert und als Herrschaft des Ich über das Nicht-Ich verworfen
wurde, setzten die Freunde eine ,Seins'-Philosophie: man ließ aller Trennung
und Reflexion das Eine Sein (im Sinne SPINOZAS) vorausliegen, zu dem die
Ästhetik und die Religion, nicht aber die Philosophie, Zugang gewährt. Man
diskutierte die Vorgänge in Frankreich (Thermidor), erhoffte sich eine
Schwäbische Republik nach dem Vorbild der revolutionären Republiken in
Italien und der Schweiz, plante für das zerfallende Deutsche Reich die Schaf-
fung eines neuen „Gemeingeistes" (Herder) mittels einer Neuen Mythologie.

Daß dem Gespräch zwischen Hegel und SINCLAIR — neben dem mit HÖLDER-
LIN — eine wichtige Rolle zugekommen sein muß, ist heute unbestritten.
Weitgehend erhellt ist inzwischen nicht nur die Beziehung zwischen HÖLDER-
LIN und Hegel, d.h. die Struktur jenes Prozesses, in dessen Verlauf Hegel
anfänglich das HÖLDERLINSCHE System ohne eigene Reflexion übernommen
hat, dann aber die Grundproblematik der All-Einheitslehre erkannt und nach
einer tieferen Begründung gesucht hat, die das Tote nicht vom Lebendigen
ausschloß, was wiederum auf HÖLDERLINS Homburger Aufsätze zurückge-
wirkt hat, die ihrerseits wieder Hegels zweite Fassung von *Der Geist des
Christentums und sein Schicksal* beeinflußten — erhellt ist nicht nur diese Relation, sondern auch der HÖLDERLIN-SINCLAIRSCHE Ansatz einer Vereinigungsphilosophie selbst, wie er sich seit dem Frühjahr 1795 in Jena ausgebildet hat und
in den Vorstufen zum *Hyperion* sowie in SINCLAIRS (inzwischen im Original
wieder zugänglichen) *Philosophischen Raisonnements* greifbar wird. Nur ZWIL-
LINGS Rolle und philosophischer Beitrag im Freundeskreis ist noch zu wenig
beachtet worden. Er verdient diese Beachtung aber gerade dann, wenn man
sich der Genese der eigentlich spekulativen Periode der klassischen deutschen Philosophie mit einem Interesse zuwendet, das die philosophischen
Intentionen, die in ihr verfolgt wurden, nicht für obsolet hält und das versucht, sie unter veränderten Bedingungen des Denkens neu zu formulieren.
Ein solches Interesse wird dort, wo es in entwicklungsgeschichtliche Fragen
eingeht, nicht nur die ausformulierten Theorieentwürfe, sondern auch und

sogar vor allem die Theoriepotentiale beachten, welche in diese Entwürfe eingegangen, aber von ihnen nicht immer vollständig entfaltet worden sind, und ebenso die Theoriemöglichkeiten, mit denen diese Entwürfe konfrontiert waren und auf die sie sich manchmal nur implizit, manchmal erst nach längerer Zeit, eingelassen haben.

In ZWILLINGS philosophischen Texten ist zu früher Zeit eine durchaus selbständige Fundamentalphilosophie skizziert. Formal läßt sie sich durch zwei Eigentümlichkeiten charakterisieren: Sie hat den metaphysischen Monismus, den HÖLDERLIN mit FICHTES methodischem Monismus verband, als er dessen all-bestimmendes Ich durch ein in der Nachfolge SPINOZAS definiertes ‚Sein' ersetzte, aus der Orientierung an Setzungsakten der Subjektivität herausgenommen und für ihn so eine neue ontologische Begriffsform entfaltet. Und er hat zugleich die Konsequenz daraus gezogen, daß jenes ‚Sein' gerade deshalb, weil es allbefassend sein muß, nicht so gedacht werden darf, daß es allen Trennungen und den Beziehungen, die sich mit ihnen ergeben, nur vorausgeht als Grund ihrer Möglichkeit und als ein Grund ihrer Bestimmung, der ihnen zugleich auch extern gegenübersteht. Durch die erste Konsequenz hat ZWILLING die Aussicht auf eine Kategorienlehre eröffnet, die auch innerhalb einer spekulativ-idealistischen Theorie mit der Theorie des Bewußtseins nur verbunden, aber nicht von ihr abgeleitet ist. Durch die zweite Konsequenz hat er diesem Idealismus die Aufgabe gestellt, seinen Begriff des Absoluten in und aus der Analyse eines Systems von Begriffsbeziehungen zu gewinnen und zu bestimmen. Der ersten Konsequenz entspricht, daß für Zwilling die „Auf-Einander-Beziehung" das formal „höchste Prizipium" ist, der zweiten, daß sein Gedanke vom Absoluten der Gedanke von dem „Alles" ist. Die innere Verbindung beider Gedanken bestimmt eine Systemform, der die reife Systemform Hegels weitgehend entspricht. Für Hegel war die Grundform der „Auf-Einander-Beziehung" die selbstbezügliche Negation, der voll bestimmte Gedanke des „Alles" aber „der Geist".

ZWILLING hat im Kreis seiner Freunde und in Homburg sicher nicht nur diese Position, sondern auch die Gründe, aus denen sie hervorging, energisch vertreten. Aber Hegel folgte zunächst HÖLDERLIN. Und als sich beider Denken aus Überlegungen weiter ausbildete, die ZWILLINGS erster Konsequenz entsprachen, ist doch eine Position, die in ihrem ganzen Umfang dem Grundriß der Position von ZWILLING entspräche, auch für Hegel noch lange nicht in Betracht gekommen. Erst als Hegel selbst nach Jena gelangte und auch SCHELLING gegenüber eine eigenständige Begriffsform gewonnen hatte, ist in der spekulativ-idealistischen Bewegung ein System hervorgegangen, das ZWILLINGS Intentionen umfassend entspricht. Das schließt jedoch nicht aus, daß sich auch in Hegels Frankfurter Texten Passagen und sogar zentrale Gedanken finden, die denen von ZWILLING nahestehen und die sich ohne den Umgang mit ihm wohl auch nicht erklären lassen.

Aus der Existenz von ZWILLINGS Texten ergeben sich also sowohl sachliche wie entwicklungsgeschichtliche Fragen, welche den gesamten Gang der spekulativ-idealistischen Philosophie übergreifen. Sie müssen auch auf die Jahre der ersten Ausbildung der Ansätze zu ihr gehen. ZWILLING war, ebenso wie SINCLAIR und HÖLDERLIN, zum Studium nach Jena gegangen. In dem Aufsatz, der am Schluß dieses Bandes steht, ist gezeigt, daß wir davon auszugehen haben, daß alle drei den Grundriß ihres Denkens schon in ihrer Jenaer Zeit festgelegt haben müssen. Und es bleibt eine Tatsache von hoher Auffälligkeit, daß ein Jüngling, dessen Herzenswunsch es war, Offizier zu werden, zu einem Denken befähigt war, das sowohl gegenüber den großen Theorien seiner Zeit wie auch gegenüber den Ansätzen seiner Freunde ebenso selbständig wie zukunftsträchtig gewesen ist. Man wird sie nur verstehen können, wenn man die intellektuelle Konstellation, in der ZWILLING und seine Freunde zur Selbständigkeit kamen, zu überschauen gelernt hat. Diese Aufgabe ist nunmehr gestellt, nachdem sich das Profil ihrer Positionen mit der Zuordnung und Spannung, die zwischen ihnen besteht, deutlich genug abzeichnet.

Unter den Texten, die aus LUDWIG STRAUSS' Nachlaß neu zu gewinnen waren, liegen nun auch Reflexionen vor, die dazu geeignet sind, auf noch andere als die fundamentalphilosophischen Bemühungen im Homburger Kreis ein neues Licht zu werfen. ZWILLING hat Ansätze zu einer Kontrastpsychologie entworfen, die in große Nähe zu Hölderlins Theorie von den poetischen Gattungen führen und die sich noch den Gedanken von der Eigentümlichkeit griechischer und hesperischer Dichtkunst zuordnen lassen, die HÖLDERLIN nach dem Ende seines ersten Homburger Aufenthalts beschäftigt haben (vgl. den Aphorismus F,4 V von ZWILLING und HÖLDERLINS ersten Brief an BÖHLENDORFF vom 4. XII. 1801). Die philosophischen Gedanken der Homburger Freunde waren durchgängig und von Beginn an so orientiert, daß sie auch dafür geeignet sein sollten, einer angemessenen Theorie von der Dichtkunst eine Grundlegung zu geben. ZWILLINGS Reflexionen und mehr noch ihre Abfolge bei der Niederschrift in seinem Oktavheft machen es deutlich genug, daß auch er sich dieser Doppelung in der Einen Aufgabe des Denkens verpflichtet wußte. Hier ist nur darauf hinzuweisen, daß eine Interpretation nunmehr die Möglichkeit hat, die Weise aufzuklären, in der ZWILLING Gedanken zur Grundlegung der Philosophie, zur Theorie des Bewußtseins, zu Form und Dynamik des bewußten Lebens und über die Grundlagen und Wirkungen der Kunst miteinander verwoben hielt und in Beziehung aufeinander voranbrachte.

In diesem Zusammenhang müssen auch ZWILLINGS persönliche Mitteilungen gelesen werden. So gehört etwa die Weise, in der er dem Zufall einen Ort im Ganzen dessen zuspricht, was ist, und wie er aus seiner Macht Konsequenzen für den Gedanken der Gerechtigkeit und der Integrität eines Lebens zieht, gleichermaßen zu seinem Denken wie zu der Erfahrung, die sein Leben getragen und in den Wirren und Kämpfen seiner Zeit zusammengehalten hat. Es wäre wohl möglich, eine biographische Skizze zu verfassen, in der zu zeigen wäre, wie das Denken dieses Begleiters von HÖLDERLIN und Hegel auf der wichtigsten Phase ihres Weges auch in dessen eigenem Leben ebenso verwurzelt wie wirksam gewesen ist. Das Dokument, mit dem eine solche Biographie abschließen könnte, ist Sinclairs Nachricht an Hegel über Zwillings Tod und letzte Tage vor der Schlacht bei Wagram (im Brief vom 16. 8. 1810).

Dieter Henrich
Christoph Jamme

CHRISTOPH JAMME

LUDWIG STRAUSS UND JACOB ZWILLING
oder Jerusalem und Homburg v. d. H.

I.

LUDWIG STRAUSS (1892—1953) war nicht nur ein bedeutender HÖLDERLIN-Forscher, sondern auch ein Lyriker und Erzähler. Am Beispiel seiner Person lassen sich die Interdependenzen zwischen deutschem Judentum, HÖLDERLIN-Enthusiasmus und sozialistischer Politik besonders gut verdeutlichen.[1] Als Sohn eines rheinisch-jüdischen Elternhauses in Aachen geboren, studierte er in Berlin und Frankfurt Germanistik; 1930 habilitierte er sich mit einer Arbeit über HÖLDERLINS *Hyperion* und wirkte anschließend als Dozent für Deutsche Literatur an der TH Aachen. 1935 emigrierte er, rechtzeitig vor der drohenden Vertreibung, nach Palästina, wo er zuerst in einen Kibbuz eintrat und später Geschichte und Kunsterziehung in einem Kinderdorf unterrichtete. Gegen Ende seines Lebens hielt er Vorlesungen über Weltliteratur an der Universität Jerusalem.

Etwa von 1913 an trat STRAUSS auch mit eigenen Dichtungen hervor, zuerst unter dem Eindruck HÖLDERLINS und geprägt von der Sprachkraft GEORGES (*Wandlung und Verkündung.* Leipzig 1918), später dann wurde er ganz durch den Zionismus BUBERS und seine dialogische Philosophie in Bann geschlagen, dem er auch (als Schwiegersohn) verwandtschaftlich verbunden war. In der von BUBER mitherausgegebenen Zeitschrift *Die Kreatur* veröffentlichte er seinen Aufsatz über HÖLDERLINS Anfänge. In der Spätphase ist seine dichterische Sprache unverkennbar von ROSENZWEIGS Übersetzung von Gedichten des JEHUDA HALEVI (die dieser seit Dezember 1922 unternahm) sowie von BUBERS und ROSENZWEIGS Bibel-Übersetzung (unter der Assistenz von NAHUM N. GLATZER, ab Mai 1924) geprägt. ROSENZWEIG selbst bekennt in seinen Briefen, daß dieses Übersetzungswerk ohne das sprachgeschichtliche Ereignis von

---

[1] Zur Person und Bedeutung von Ludwig Strauss fehlt eine Untersuchung noch völlig; ein erster Ansatz, gleichzeitig Grundlage für jede weitere Beschäftigung, ist das Nachwort (samt Schriftenverzeichnis) in dem Band: *Ludwig Strauss: Dichtungen und Schriften.* München 1963, den der seit 1934 in Jerusalem lebende Essayist und Lyriker *Werner Kraft* herausgegeben hat. — Zu Rosenzweig vgl. *O. Pöggeler: Rosenzweig and Hegel.* In: Iyyun. Jerusalem. 33 (1984), 78—90.

HÖLDERLINS späten Hymnen nicht möglich gewesen wäre.[2] LUDWIG STRAUSS
schrieb nicht nur Lyrik, sondern auch Prosa (Novellen) und versuchte sich
sogar am Drama (*Tiberius*, 1924). Nach seiner Emigration dichtete er auch auf
Hebräisch.

An der Person und dem Schicksal von LUDWIG STRAUSS läßt sich das Problem
des „deutschen Juden" exemplarisch studieren, die Rolle der jüdischen Intelli-
genz im deutschen Geistesleben vor 1933 aufhellen. STRAUSS selbst wehrte
sich etwa bewußt gegen alle Tendenzen einer vollständigen Assimilation:
nur *der* deutsch-jüdische Dichter büße nichts von seiner Produktivität ein,
der sein Judentum *nicht* aufgebe.[3] Sein — zusammen mit GLATZER — geschrie-
benes Geleitwort zu dem Band mit jüdischer Dichtung (in deutscher Übersetzung) *Sendung und Schicksal* (Berlin 1931) fordert, der deutsche Jude solle
sich beim Lesen der jüdischen Überlieferung seines Judentums bewußt werden. Der Mensch stehe in einem Zwiegespräch mit Gott, so wird diese
Überlieferung gedeutet, doch um auch ein wahrer Partner Gottes sein zu
können, müsse der Mensch frei sein: „Das Heilsschicksal der Welt [ist] an das
Tun des Menschen gebunden." Da Gott sich in jeder „sozial-sittlichen Tat"
offenbart, ist für Strauss der Sozialismus eine konsequente Folge seines
Judentums. Als Angehöriger des linken Flügels der jüdischen Arbeiterbewe-
gung hatte er sich schon zu Beginn der 20er Jahre in der Zeitschrift *Die Arbeit*
in aktuelle Streitfragen eingemischt. Sein Eintritt in einen Kibbuz nach
seiner Emigration war also folgerichtig.

Die messianische Hoffnung des Judentums eröffnete STRAUSS anderseits
wieder den Weg zu HÖLDERLIN, dessen späte Hymnen bekanntlich eine Ge-
schichtsmythologie entwerfen, die der Ankunft des „kommenden Gottes"
den Weg bereiten sollen und somit wesentlich eschatologischen Charakter
haben.

II.

Die 1916 in NORBERT VON HELLINGRATHS Ausgabe erschienenen späten Hymnen
FRIEDRICH HÖLDERLINS wurden für die junge jüdische Generation von Dichtern
und Gelehrten in der Zeit um den 1. Weltkrieg zum entscheidenden Erlebnis.
FRANZ ROSENZWEIG fand in der Weise, wie HÖLDERLIN sich bei der Arbeit z.B. an
der *Patmos*-Hymne in seiner Krankheit und in seinem Scheitern letzten
Fragen aussetzte, eine Korrektur an Hegel, „der das Gegenteil von verrückt

---

[2] Vgl. *Franz Rosenzweig: Der Mensch und sein Werk*. Gesammelte Schriften I: Briefe
und Tagebücher. Haag 1979. 699: neben Luther und Notker Labeo.
[3] Vgl. *L. Strauss: Ein Dokument der Assimilation*. In: Die Freistatt. Berlin. 1 (1913)

wurde"[4]. Ohne HÖLDERLIN wären auch BUBERS Übersetzungen des JEHUDA HA-
LEVI sowie der Bibel undenkbar gewesen. Hierbei spielte nicht nur HÖLDERLINS
Eigenart bei seinen SOPHOKLES-Übertragungen eine Rolle (Verzicht auf den
Reim zugunsten des Metrums), sondern auch eine innere Affinität: in seinen
späten Gedichten (ab 1800) spürte man eine große Nähe zum jüdischen
Wesen wie zur jüdischen Theologie. 1931 verwiesen STRAUSS und GLATZER im
Geleitwort zu *Sendung und Schicksal* darauf, daß das Bewußtsein von der
besonderen Sendung des Volkes HÖLDERLIN mit JEHUDA HALEVI verbände, nann-
ten beide doch ihr Volk das „Herz der Völker". Von STRAUSS' HÖLDERLIN-Ergrif-
fenheit zeugt auch das in dem 1933 erschienenen Gedichtband *Nachtwache*
veröffentlichte Poem „Auf HÖLDERLINS Grab"[5].

FRANZ ROSENZWEIG erwartete kurz vor seinem Tode von LUDWIG STRAUSS „das"
HÖLDERLIN-Buch[6]. In der Tat hatte sich STRAUSS schon früh mit Leben und
Werk des schwäbischen Dichters beschäftigt und dabei, weitsichtiger als
viele, von Anfang an auch jene Gestalten in den Blick genommen, die HÖLDER-
LINS Lebensweg an entscheidenden Stationen gekreuzt haben. Anders als
etwa HEIDEGGER, der HÖLDERLIN gänzlich aus dem Kontext des Deutschen
Idealismus gelöst sehen wollte, ging es STRAUSS nicht so sehr um eine isolierte
Betrachtung des Werkes des Dichters, sondern um eine biographische und
geistesgeschichtliche Einordnung seiner Dichtung und philosophischen
Fragmente in den Kontext der Zeit. Bei der Vorbereitung zu seinem Hölder-
lin-Buch hat STRAUSS es auch unternommen, den damals im Historischen
Museum zu Bad Homburg aufbewahrten Nachlaß von JACOB ZWILLING zu
ordnen; — seine Notizen, die er sich dabei anfertigte, sind heute, da der
gesamte ZWILLING-Nachlaß als verloren gelten muß, von unschätzbarem
Wert. Dies galt und gilt auch für anderes Material zur Frühgeschichte des
Idealismus: So hat MARTIN BUBER (auf Veranlassung von F. NICOLIN) die Foto-
grafie des sog. *Ältesten Systemprogramms des deutschen Idealismus* aus dem ur-
sprünglichen Besitz von L. STRAUSS wieder nach Deutschland gebracht, — bis
vor kurzem die einzige Möglichkeit, sich über Manuskripteigentümlichkei-
ten zu informieren.

Die von STRAUSS geplante HÖLDERLIN-Biographie blieb unvollendet, die Vor-
studien sind aber vollständig im Jerusalemer STRAUSS-Archiv gesammelt;
Teile aus dem geplanten Buch hat STRAUSS in Form von Aufsätzen gesondert

---

[4] *F. Rosenzweig: Der Mensch und sein Werk*, I. 953 f.
[5] Wiederabdruck in *L. Strauss: Dichtung und Schriften.* 95.
[6] *F. Rosenzweig: Der Mensch und sein Werk.* I, 1202.

publiziert[7]. Ein Blick auf seine einschlägigen Veröffentlichungen zeigt auch, daß STRAUSS, neben DILTHEY und ROSENZWEIG, der eigentliche Entdecker des „Bunds der Geister" in Frankfurt gewesen ist, nahm er doch etwa im Streit um die Verfasserschaft des von ROSENZWEIG entdeckten *Systemprogramms* aktiv gegen W. BÖHM und für ROSENZWEIG Stellung: nur SCHELLING, nicht HÖLDERLIN könne der Verfasser sein, wenn auch HÖLDERLINsche Einflüsse nicht zu leugnen seien. Über diese Fragen hat er dann mit ROSENZWEIG in Briefen diskutiert[8]. Aus den Veröffentlichungen von STRAUSS, zusammen mit seiner — aus dem Jerusalemer Nachlaß zu rekonstruierenden — HÖLDERLIN-Biographie und seinen ebenfalls dort bewahrten Briefen zum *Systemprogramm* ist seine Stellung innerhalb der durch DILTHEY eröffneten Forschung zum jungen Hegel und zu den Ursprüngen des deutschen Idealismus zu bestimmen, insgesamt die Rolle der jüdischen Gelehrten.

III.

Um das systematische Interesse an der Vermittlungsfunktion von Strauß besser begründen und dessen Wichtigkeit aufzeigen zu können, ist ein Blick auf den Frankfurt-Homburger „Bund der Geister" von 1796—1800 angebracht.

Zum Jahreswechsel 1795/96 tritt HÖLDERLIN bei dem Bankier GONTARD in Frankfurt eine Hauslehrerstelle an, die ihm sein Freund EBEL vermittelt hatte.

---

[7] Die zu berücksichtigenden Publikationen von *Strauss* sind (in chronologischer Reihenfolge):
— *Hölderlins Anteil an Schellings frühem Systemprogramm.* In: Deutsche Vierteljahrsschrift f. Lit. wiss. u. Geistesgesch. 5 (1927).
— *Zu Böhms Erwiderung.* Ebd.
— *Natur und Gemeinschaft.* Stücke einer Hölderlin-Biographie. In: Die Kreatur 2 (1927/28). (Wiederabdruck bei W. Kraft, 457 ff).
— *Jacob Zwilling und sein Nachlaß.* In: Euphorion 29 (1928).
— *Aus Briefen von Hölderlin an seine Schwester.* In: Germanisch-Romanische Monatsschrift 15 (1927).
— *Zwei Briefe aus Hölderlins Homburger Kreis.* Ebd.
— *Ein Hymnenbruchstück Hölderlins.* In: Aus bekannten Schriften. Festgabe für M. Buber zum 50. Geburtstag. Berlin 1928. (Wiederabdruck bei W. Kraft, 513 ff)
— *Aus dem Nachlaß Johann Gottfried Ebels.* In: Euphorion 32 (1931).
— *Das Problem der Gemeinschaft in Hölderlins „Hyperion".* Leipzig 1933.
— *Ein Brief Hölderlins.* In: Euphorion 34 (1933).
— *Friedrich Hölderlin: Hälfte des Lebens".* In: Trivium 8 (1950). (Wiederabdruck bei W. Kraft, 478 ff).
[8] Vgl. F. Rosenzweig: *Der Mensch und sein Werk.* I, 1102 ff; 1125 ff; 1130 ff.

Er zieht Hegel nach, der ab Mitte Januar 1797 eine solche Stelle bei dem Weinhändler GOGEL bekommt. ISAAK VON SINCLAIR, der erste Beamte am Hofe des hessisch-homburgischen Landgrafen, kommt öfter von Homburg herüber; als HÖLDERLIN — nach seiner Trennung von Diotima — bei ihm in Homburg wohnt, wandert Hegel oft zu ihnen hinüber. Der Homburger JACOB ZWILLING (1776—1809), der nach seinem Studium in Jena 1796 in das Regiment des Erbprinzen FRIEDRICH JOSEPH eingetreten war, ist im Frühjahr 1797 ebenfalls wieder in Homburg und wird während dieses Urlaubs mit HÖLDERLIN und Hegel bekannt. Die Gespräche zwischen den Freunden, bei denen HÖLDERLIN unstreitig die führende Rolle zukam, erreichen schon kurz nach Hegels Ankunft im Frühjahr 1797 ihren Höhepunkt. So gut wir mittlerweile über die philosophische Gemeinschaft zwischen HÖLDERLIN und Hegel sowie die philosophische Position SINCLAIRS Bescheid wissen, so undeutlich ist noch die Rolle ZWILLINGS. LUDWIG STRAUSS' Anregung, ZWILLING als eigenständigem Gesprächspartner eine eigene Untersuchung zu widmen, ist bisher noch nicht aufgegriffen worden.

Daß dies noch nicht geschehen ist, hat seinen Grund vornehmlich darin, daß der gesamte Nachlaß ZWILLINGS, den L. STRAUSS in den 20er Jahren in Homburg in 8 Abteilungen, die zwei Mappen füllten, gegliedert hatte, in den 50er Jahren in Homburg auf bisher ungeklärte Weise verlorengegangen ist.

Seit August 1965 hat D. HENRICH unermüdlich in Bad Homburg auf eine systematische Suche nach den Zwilling-Mappen gedrängt[9]. Diese Suche hat bis zum heutigen Tag noch kein greifbares Ergebnis erbracht, außer der Erkenntnis, daß der ZWILLING-Nachlaß zwischen November 1955 und August 1965 in Bad Homburg verschwunden ist. Weder im Stadtarchiv noch in der Stadtbibliothek war der Nachlaß aufzufinden.

So blieb als einzig gangbarer Weg nur der Weg über LUDWIG STRAUSS, der sich, so die Hoffnung, im Gange der Ordnung des Nachlasses von ZWILLING und der Vorbereitung seines Aufsatzes im *Euphorion* Notizen und Exzerpte gemacht haben mochte, die erhalten sein könnten. 1972 wurde HENRICH die Existenz eines LUDWIG-STRAUSS-Archives an der Jüdischen National- und Universitätsbibliothek Jerusalem bekannt.

Der STRAUSS-Nachlaß (eine Schenkung von Frau EVA STRAUSS-STEINITZ am 25. 4. 1970) gliedert sich in 152 Mappen, von denen die Mappen Nr. 50—71 Material „Zu HÖLDERLIN" enthalten und hierunter auch, vornehmlich in den

---

[9] Vgl. zur Geschichte dieser Suche D. *Henrich: Jacob Zwillings Nachlaß. Gedanken, Nachrichten und Dokumente aus Anlaß seines Verlustes.* In: *Homburg v. d. Höhe in der deutschen Geistesgeschichte. Studien zum Freundeskreis um Hegel und Hölderlin.* Hg. v. C. Jamme und O. Pöggeler. Stuttgart 1981. 245—266. — Eine Überlieferungsgeschichte der Zwillingschen Manuskripte ist angesichts der Archivlage in Homburg zur Zeit nicht möglich.

Mappen 59, 64, 68 und 71, Material zu JACOB ZWILLING. Bei einem von der DFG
geförderten Forschungsaufenthalt in Jerusalem im August 1981 konnte ich
den gesamten HÖLDERLIN-betreffenden Nachlaß STRAUSS' auf ZWILLINGiana hin
durchsehen. D. HENRICH hatte gehofft, in diesen Mappen Abschriften vom
Nachlaß J. ZWILLINGS zu finden, insbesondere Abschriften seiner philosophischen Fragmente, etwa des Zentraltextes *Über das Alles*, daneben aber auch
Abschriften der Briefkonzepte an einen Jenaer Professor, die für die genaue
Datierung des oben genannten Fragments von Bedeutung gewesen wäre.
Gesucht wurde auch nach den Korrespondenzen von STRAUSS mit der Homburger Museumsleitung (BALLMER) sowie nach der Mappe 51, einer Vorle-
sungsmitschrift aus STRAUSS' Aachener Zeit, in die, so die Vermutung, vielleicht etwas über ZWILLING eingegangen oder eingelegt worden sein könnte.
Diese Hoffnungen haben sich bei genauer Durchsicht des Nachlasses von L.
STRAUSS nicht erfüllt. Es wurden, neben dem schon vorher bekannten vollständigen Verzeichnis von ZWILLINGS Nachlaß, allerdings Abschriften von
zwei ZWILLINGschen Fragmenten entdeckt, die bisher noch völlig unbekant
waren (vgl. in der Edition F, Nr. 4/V; Nr. 7). Weiterhin wurden, vor allem in
den Mappen 64 und 68, Abschriften von Texten gefunden, die zwar bereits in
STRAUSS' *Euphorion*-Aufsatz von 1928 eingegangen waren, jedoch nur unvoll-
ständig. Hierbei handelt es sich vor allem um die Fragmente aus ZWILLINGS
Oktavheft 1[10], daneben um die Briefkonzepte an einen Freund[11] und den
Brief SINCLAIRS an ZWILLING vom 11. 1. 1799[12] (die übrigen Briefe ZWILLINGS an
SINCLAIR sind durch Abschriften WERNER KIRCHNERS im HÖLDERLIN-Archiv,
Stuttgart, erhalten und werden nach diesen Abschriften im Folgenden veröf-
fentlicht). In den Mappen 51 und 53 wurden noch kurze Notizen zu ZWILLING
gefunden, die aber ohne großen Wert sind. Neue Aspekte erbrachte die
Durchsicht des Kollegheftes des Aachener Hörers (Mappe 51) sowie des
Manuskripts eines Vortrags über „Hölderlin und der deutsche Idealismus"
(Mappe 56) aus dem Jahre 1928. In beide Texte ist Entscheidendes über
ZWILLING eingegangen; STRAUSS, so sieht man jetzt, hat die These verfochten,
im Frankfurter Freundeskreis sei ZWILLING der entscheidende Anstoßer gewesen (die entscheidenden Passagen beider Dokumente werden unten ebenfalls abgedruckt).
     Es ist zu hoffen, daß die Edition des auf indirekte Weise und nur unvoll-
ständig rekonstruierten Nachlasses von ZWILLING einmal durch eine Edition
aus ZWILLINGS Manuskripten ersetzt werden kann. Sie entstand aus kontin-

---

[10] Gedruckt bei *L. Strauss: Jacob Zwilling und sein Nachlaß.* In: Euphorion 29 (1928),
365—396, hier 384, 393, 392, 393.
[11] Gedruckt ebd. 384.
[12] Gedruckt ebd. 372.

gentem Anlaß, nämlich Homburger Unzulänglichkeiten. Die Herausgeber sehen aber gleichwohl in dieser Publikation dennoch eine unabweisbare Notwendigkeit — um der Forschung die derzeit besten Quellen zu geben und zugleich das Interesse für eine anhaltende Suche nach den Originalen wachzuhalten, aber auch, um für den Fall, daß die Originale auf Dauer verloren sein sollten, deren Dokumentation zur rechten Zeit zu geben und so auch von dem vielen, was durch Vertreibung, Kriegswirren und Nachlässigkeit an geistiger Substanz zerstört worden ist, wenigstens das zu retten und bleibend zu dokumentieren, was noch zugänglich gemacht werden kann. Unsere Forschungsarbeit, die dem Lebensweg und dem Lebenswerk eines von den Nationalsozialisten zur Emigration gezwungenen deutschen jüdischen Gelehrten gilt, mag vielleicht so auch einen Beitrag zu einer gemeinsamen Erinnerung von Deutschen und Juden leisten.

JACOB ZWILLINGS NACHLASS IN REKONSTRUKTION

Editorische Vorbemerkung

Zur Rekonstruktion des Zwilling-Nachlasses herangezogen wurden Materialien aus folgenden Nachlässen:
1) The Jewish National & University Library Jerusalem (Israel), LUDWIG-STRAUSS-Archives, Arc. Ms. Var. 424.
2) Württembergische Landesbibliothek Stuttgart, Hölderlin-Archiv, Nachlaß WERNER KIRCHNER, cod. hist. 4° 668.
3) Stadtarchiv Bad Homburg v.d.H.
Zu danken ist für die Erteilung der Druckerlaubnis diesen Institutionen, darüber hinaus für Hilfen und Auskünfte vielfältiger Art den Damen MARGOT COHN (Jerusalem), MARIA KOHLER (Stuttgart), HILDE MIEDEL (Bad Homburg v. d. H.) sowie MICHAEL STRAUSS (Haifa). Der Deutschen Forschungsgemeinschaft danken wir für die Unterstützung der Reise von Ch. Jamme nach Jerusalem. Schließlich gilt FRIEDHELM NICOLIN ein besonderer Dank für seine freundschaftlichen Mühen bei der endgültigen Herstellung des Bandes.
Die von L. STRAUSS und W. KIRCHNER angefertigten Transkriptionen werden vollständig und — bis auf die Korrektur offensichtlicher Schreibfehler — wörtlich wiedergegeben; Streichungen und Korrekturen werden nicht mitgeteilt. Bei STRAUSS werden spätere Ergänzungen der Tinteneintragungen mit Bleistift nur dann mitgeteilt, wenn sie von wesentlichem Interesse und klar leserlich sind. Abkürzungen (m̃) wurden aufgelöst. Die handschriftlichen Notizen STRAUSS' zu Biographica ZWILLINGS aus den Mappen 53, 58, 66 und 68 (Auszüge aus *K. Schwartz: Landgraf Friedrich V. von Hessen-Homburg und seine Familie.* Rudolstadt 1878, und — heute veraltete — Querverweise auf HÖLDERLINS Homburger Aufsätze) werden nicht mitgeteilt.
Zusätze der Herausgeber erscheinen im Teil II in [ ].
Auf Namen- und Sacherläuterungen wurde aus Umfangsgründen verzichtet.
Die Abkürzung StA bedeutet: *Friedrich Hölderlin: Sämtliche Werke.* Stuttgarter Hölderlin-Ausgabe. Im Auftrag des Kultusministeriums Baden-Württemberg hg. v. Friedrich Beißner. Stuttgart 1943 ff.

I. L. Strauss' Verzeichnis des Nachlasses von Zwilling

[LUDWIG STRAUSS-Archiv, Ms. Var. 424, Mappe 64]

Katalog der beiden *Homburger Zwilling*-Mappen (A-E und F-H) *Dezember 1928*

Mappe I

A *Von Zwilling*
  Briefkonzepte an einen Freund

Nr. 8 an SINCLAIR, nach Anrede, wahrscheinlich alle an ihn

Nr. 1 Attenmatt bey Einsiedelen, d. 5. Jully 99.
Beginn: „Bester   Mein Gemüth, das stark bewegt ist".
Quartdoppelbogen; 3 Seiten Brief; 4. S. trägt einige Entwurfzeilen.

Nr. 2 5. I.1800
Beginn: „Ich habe deinen Brief vom 13. December, am Neuen Jahrs Tage erhalten"
Doppelbogen Kleinquart, Fortsetzung (beginnend mit Wiederholung der letzten Worte des Doppelbogens „Die Wahrheit der Erkenntniß und die Herrschaft des Geistes in uns besteht darin daß wir das Übergewicht einer Neigung") auf etwas größerem einfachen Bogen. Auf letzter Seite des Doppelbogens zwei Aphorismen. Beginn: „seine Seele und neigungen ohne bestimmung zu lassen' ‚Schnelligkeit, Stolz Ruhmsucht Ehrgeiz'

Nr. 3 Beginn: „Ich habe deinen Brief vom 19ten März erhalten"
Doppelbogen Quart

Nr. 4 Beginn: „Lange habe ich auf einen Brief von dir gewartet"
Doppelbogen Quart   Wohl fragmentarisch

Nr. 5 Beginn: „Freund vergieb mir"
Doppelbogen Oktav

Nr. 6 Beginn: „es bleibt mir noch etwas übrig"
Schmaler Streif eines Großfoliobogens
Längshalbdrucks   Fragment

Nr. 7 Beginn: „ich soll dir viel schreiben"
Doppelbogen Großquart

Nr. 8 Beginn „Lieber SINCLAIR"
Großer Foliobogen   Fragment
Nach den Worten „vor 10 Jahren in der Schule" (Seite 2) spätestens
1804 geschrieben

Nr. 9 Beginn: „Es sind zwei verschiedene Weege"
Drei Doppelbogen Großquart mit Rand, der vom letzten Blatt abge-
rissen ist   Fragment
Abhandlung über Individualität und Allgemeinheit, als Brief nur
kenntlich aus den Worten (Seite 10) „ich weiß es so denkt auch mein
Freund" (Fragment)

Nr. 10 Beginn: „das was ich hier gesacht"
Abgerissener Halbbogen, ursprünglich Kleinquart   Fragment

B *Von Zwilling*
   *Briefkonzepte an Verschiedene***

Nr. 1 Brief an den Erbprinzen FRIEDRICH JOSEPH, Jena d.   1795
Beginn: „Durchlauchtigster Fürst, gnädigster Fürst und Herr!"
Quartdoppelbogen; zwei Seiten Brief, auf der vierten Anschrift und
Siegel

Nr. 2 [An einen Jenenser Professor] Konzept. Homburg vor der Höhe d. 26ten
Aprill 96
Beginn: „Sie werden mir gütigst einige Fragen Im Betreff der Wissen-
schaftslehre erlauben"
Kleinfoliodoppelbogen; die vier Seiten beschrieben

   2a [2. Konzept desselben Briefes]
Beginn: „Sie werden meine Freiheit gütigst verzeihen"
Kleinfoliodoppelbogen und Kleinfoliobogen; der auf S. 3 des Doppelbogens oben abgebrochene Text auf dem Bogen fortgesetzt; dieser
beiderseitig beschrieben

Nr. 3 [Auszug aus einem Brief Zwillings an den Vater aus Landshut, 2. September-
hälfte 1796. Von fremder Hand der Zeit.]
Überschrift: „Extrait eines schreiben des jungen ZWILLINGS an seinen
Vater". Beginn „den 7ten 13ten 14ten u. 16ten September waren wir
im Gefechte"
Kleinquartdoppelbogen, die 4 Seiten beschrieben

_____

**Hiervon existieren zwei Fassungen, eine frühe in Bleistift und eine später korri-
gierte und ergänzte in Maschinenschrift (der hier gefolgt wird).

3a [Auszug aus dem gleichen Brief von anderer Hand der Zeit.]
Überschrift: „Auszug eines Schreiben des C[adetten] Z[willing] von
Modena Chevaux legers, aus Landshuth, das den 3. [sic!] Sept. hier
angekommen ist". Beginn: wie in 3.
Oktavdoppelblatt; die 4 Seiten beschrieben

Nr. 4 [An ein Mitglied der landgräflichen Familie nach Homburg (nach 5 I wohl
Prinz LEOPOLD); aus Wien, Frühjahr oder Frühsommer 1805] Konzept;
fragmentarisch.
Beginn: „Ich bin Ihnen meinen Abschiedt schuldig geblieben"
Quartblatt; beiderseitig beschrieben

Nr. 5 [Zwei Konzepte auf je einer Seite eines Quartbogens; Frühjahr oder Frühsommer 1805, wohl aus Wien]

I. [Wohl an Geheimrat V. ROQUES in Homburg]
Beginn: „Schätzbahrster Freund   Dass ich letztens da ich an den
Prinzen LEOPOLD geschrieben"

II. [Wohl an Frau V. PRÖCK]
Beginn: „Hochwohlgebohrene Frau   Es ist nicht Nachlässigkeit"

Nr. 6 [An einen Homburger, wohl V. ROQUES, Frühjahr 1806] Konzept
Beginn: „Schätzbahrster Freund mich treibt ein lebhaftes Verlangen"
Quartbogen; die 4 Seiten beschrieben

Nr. 7 [An Frau V. PRÖCK, wohl Sommer 1807] Konzept. Fragment.
Beginn: „Ihr angenehmes Schätzbahres Schreiben"
Quartbogen, beiderseitig beschrieben

Nr. 8 a Son Altesse Serenissime Monsigneur le Prince PHILIPPE DE HESSE
HOMBOURG [dem Inhalt nach kurz nach der Schlacht bei Friedland 14. VI.
1807 geschrieben] Konzept
Beginn: „Welche veränderungen in der Welt"
Quartbogen, beiderseitig beschrieben

Nr. 9 [Vielleicht der in Nr. 10 erwähnte Brief an Erzherzog KARL V. ÖSTERREICH; vgl.
Schluß von 9a] Konzept; fragmentarisch
Beginn: „Ich glaube daß man den Blick"
Quartbogen; beiderseitig beschrieben

9a [Konzept zum gleichen Brief] Fragmentarisch
Beginn: „um vollkommenen Militairischen Gehorsam"
Quartbogen; einseitig beschrieben

Nr. 10 [An ein Mitglied der landgräflichen Familie] Konzept
Beginn: „Ich hoffe von der mir erzeigten Gnade Eurer Durchlaucht"
Quartbogen; beiderseitig beschrieben

Nr. 11 a Son Altesse Serenissime Monsigneur le Prince hereditair de Hesse Hombourg. MarschStation bei Fridek d. 15. Merz 809
Beginn: „Durchlauchtigster Herr Erbprinz, Gnädigster Fürst und Herr, Hochzugebiedenster Herr Feldmarrschallieutnant und Regiments Inhaber"
Quartdoppelblatt; 2 Seiten Brief, auf der 4. Anschrift und Siegel

C *An Zwilling*
Briefe von Isaak von Sinclair und seiner Mutter, Frau von Pröck

Nr. 1 SINCLAIR an ZWILLING; Rastatt, 11. I. 1799
Quartdoppelbogen, 1. Blatt mit Adresse teilweis abgerissen

1a Beilage Zeugnis des Feldarztes über ZWILLINGS Leiden

Nr. 2 SINCLAIR an ZWILLING und MUHRBECK; Rastatt, 19. I. 1799
Quartdoppelbogen

Nr. 3 SINCLAIR an ZWILLING; Homburg, 21. X. 1800
Quartbogen

3a SINCLAIRS Abschrift der hinterlassenen Abrechnung von ZWILLINGS Vater und Notizen über die Erbschaft
2 Längshälften eines Quartbogens

3b Beigelegter Brief Frau VON PRÖCK an ZWILLING; Homburg, 21. X. 1800
Doppelbogen Kleinoktav

Nr. 4 SINCLAIR an ZWILLING; Homburg, 19. VII. 1803
Quartdoppelbogen

Nr. 5 Frau v. PRÖCK an ZWILLING; [Homburg] 12. IX. 1806
Oktavdoppelbogen

Nr. 6 Frau v. PRÖCK an ZWILLING; [Homburg] 17. III. 1807
Kleinoktavdoppelbogen

6a Beilage dazu Nachtragsbrief 19. V. 1807
Kleinoktavbogen

[Nr. 5 u. 6 teilweise veröffentlicht in: *Germanisch-Romanische Monatsschrift* Bd XV, 1927 (Heft 3/4), 148 ff: *Ludwig Strauss: Zwei Briefe aus Hölderlins Homburger Kreis*]

D *An Zwilling*
Briefe von Verschiedenen**

Nr. 1 Vom Erbprinzen. Zürich d. 28ten Jully 1799.
Beginn: „Mein lieber ZWILLING, ich werde also"
Quartdoppelblatt

Nr. 2 Vom Erbprinzen. Tittmoning an der Salza d. 30ten August 1800.
Beginn: „Vorgestern erhielt ich mein lieber ZWILLING den Einschluss"
Quartdoppelblatt. Dazu

   2a SINCLAIR an den Erbprinzen. Homburg d. 1ten August 1800. (Nachricht von Pfarrer ZWILLINGS Tod)
Beginn: „Durchlauchtigster Herr Erbprinz Gnädigster Herr!"
Quartdoppelblatt

Nr. 3 Vom Erbprinzen. [?] d. 5. November 1800.
Beginn: „Ihre Briefe mein lieber ZWILLING"
Quartdoppelblatt

Nr. 4 Von MAX GRAF ZU ZEIL TRAUCHBURG. Zeil am 7ten Mertz 1800.
Beginn: „Eure Hochwohlgebohren! Die beyden Theile des Plutarchs"
Anschrift nach Hadlersdorf près Dornbiern
Quartdoppelblatt

Nr. 5 Von Obristleutnant PILZ[?]. (Wohl zwischen 1802 und 1805.)
Beginn: „Wohlgebohrner! Hochgeehrtester Herr Oberlieutenant"
Anschrift nach Seldorf in Siebenbürgen
Quartdoppelblatt und Quartblatt

Nr. 6 Von Geheimrat VON ROQUES. Homburg d. 7. August 1805.
Beginn: „Sehr, recht sehr erfreulich war es"
Anschrift nach Wien.
Quartdoppelblatt

Nr. 7 Von Obrist MOHR. d. 12ten July 1806.
Beginn: „Wohlgebohrner Hochgeehrtester Herr Rittmeister"
Quartdoppelblatt

Nr. 8 Von DANIA WYSOWAZ. Occa, ce 22 février 1807.
Beginn: „Monsieur, je ne me serais pas attendue"
Anschrift nach Jydrzejow
Oktavdoppelblatt

**Hiervon existieren zwei Fassungen, eine frühe in Bleistift und eine später korrigierte und ergänzte in Maschinenschrift (der hier gefolgt wird)

E *Briefe von Zwillings Vater und Schwester*

Nr. 1 Pfarrer ZWILLING an seinen Sohn. Homburg, d. 24tn 8ber [Oktober] 1796.
Beginn: „Lieber Sohn! Diesmal hast du uns"
Quartdoppelbogen

Nr. 2 Wie Nr. 1. Homburg, d. 6tn Nov. 1798.
Beginn: „Lieber Sohn! Diesmal kann ich mich nur ganz kurz fassen"
Quartdoppelbogen

Nr. 3 Wie Nr. 1. Homburg, d. 29tn Julius 1799.
Beginn: „Lieber Sohn! Der Brief, den du unterm 7tn dieses von Attmath"
Quartdoppelbogen

Nr. 4 SUSANNA SACHULTZ, geb. ZWILLING an den Bruder. Offenbach a. M. d. 27ten Aprill 1805.
Beginn: „Lieber Bruder! Das Schicksal trend uns jezt weid"
Quartdoppelbogen

Mappe II

F *Philosophische und dichterische Aufzeichnungen*

Nr. 1 Über Trancendens [!]
(Kurzer Aufsatz)
Folioblatt

Nr. 2 [Über Einheit und Wechsel]
Beginn: „Seine persöhnlichkeit, für sich allein"
(Fragment einer Abhandlung)
Quartblatt mit abgerissenem Rand

Nr. 3 [Über den Zusammenhang der Wissenschaften]
(5 Bruchstücke)

    I. höchster Zusammenhang und seine Zergliederungen
      (Fragment einer Abhandlung)
      Kleinquartblatt

    II. [Über das System aller Wissenschaften]
      Beginn: ⧣ „auf den ersten Eindruck des Ganzen" ,
      (Fragment einer Abhandlung)
      Oktav-Doppelblatt

Auf Seite 2 eine zu I, S. 2 gehörige, mit ◁ bezeichnete Einfügung

III. Tabelle von Ursprung und Zusammenhang der Metaphysic und Physic überhaupt
Quartdoppelbogen

IV. Beginn: „Gesamte Betrachtung dieser angemekrten [!] Linien einiger Grundwissenschaften"
(Fragment einer Abhandlung, wohl Kommentar zu der Tabelle in III)
Quartbogen

V. Beginn: „jedoch so daß sie nur als hülffswissenschaften erscheinen"
(Satzbruchstück aus einer Abhandlung)
abgeschnittenes Stück eines Quartbogens

Nr. 4   Oktavheft mit Aufzeichnungen zur Philosophie
12 Blatt (2 Blatt ausgerissen)
Inhalt:

I. Anfang eines Briefkonzepts
Beginn: „Bester Vater!"

II. [Über Barbarei als Voraussetzung der Kultur]
Beginn: „wer jemahl wird bereuen" (1 1/2 Seiten)
(Fragment; Anfang mit ausgerissenen Blättern verloren)

III. Aphorismus (1/2 Seite)
Beginn: „Die Vernunft allein Bricht den Weeg"

IV. Aphorismus (Etwas über 1 Seite)
Beginn: „Die Warheit bestehet in der gleich ebenmäßigen Verbindung der Ideen"

V. Aphorismus (1 Seite)
Beginn: „Eine wilde aufbraußende verführende Denkungsart"

VI. Über das Alles
(Einzige nicht fragmentarische größere philosophische Abhandlung des Nachlasses — 16 Seiten)

Nr. 5   Oktavheft mit Aufzeichnungen (kleiner als Nr. 4) 17 Blatt (5 Blatt fehlen)
Inhalt:

I. [Über die Macht des Unbekannten]
Beginn: „Es ist nur das Unbekannte"
(Kleiner Aufsatz, 7 Seiten)

II. Aphorismus (1 1/2 Seiten)
Beginn: „Es ist ein schützender Gedanke"

III. Aphorismus (1/2 Seite)
Beginn: „aber was heißt es anders"

IV. Aphorismus (1/2 Seite)
Beginn: „die nathur des Menschen Sie ist was vilspältiges"

V. Aphorismus (2 1/2 Seiten)
Beginn: „der Mensch der an der warheit hängt"
(geht am Schluß in Verse über)

VI. Aphorismus (1 1/4 Seite)
Beginn: „Hiperion der auf der Scheide"

VII. Aphorismus (1/4 Seite)
Beginn: „in allen großen und edlen Seelelen [!]"

VIII. Aphorismus (etwa über 1/2 Seite)
Beginn: „ich bin zu sehr überzeugt"

IX. Aphorismus (fast zwei Seiten)
Beginn: „Schönheit hast du nicht eine Verführende Begeisterung"
(geht stellenweise in Verse über)

X. Aphorismus (1/4 Seite)
Beginn: „ist es nicht als schleige sich ein dieb daher"

XI. Aphorismus (1/4 Seite)
Beginn: „wer kann auf einen glücklichen erfolg rechnen"

XII. [Zur österreichischen Politik]
(Kleiner Aufsatz, über 3 1/2 Seiten)
Beginn: „mir scheint als ging das spiel zu Ende"

XIII. [Orpheus sang]
(Reimgedicht in zwei sechszeiligen Strophen)
Beginn: „Orpheus sang der bäume Wipfel"

XIV. Satzbruchstück (zwei Zeilen auf sonst leerer Seite)
Beginn: „wenn wir die fantasie fixiren"

Nr. 6 [An Lethes Ufern]
(Zwölfzeiliges trochäisches Gedicht, stellenweise gereimt)
Oktavblatt
Beginn: „Nicht mehr über Lethes Ufern"

Nr. 7 [Über die Bewältigung des Schicksals]
(Kleine Betrachtung in gehobener Prosa; sorgfältige Reinschrift)

Oktavdoppelblatt
Beginn: „Mein Ohr hat schon genug gehört"

Nr. 8   [Über die Relativität der Werte]
(Fragment einer Abhandlung)
Quartdoppelblatt
Beginn: „der Stern am Firmament"

Nr. 9   [Zwei Aphorismen]
Quadratischer Zettel.
Beginn: „die nathur des Menschen ist nur zweyerlei", auf der Umseite
„alles komt nur auf die Art und weise an", darüber Satzbruchstück.

Nr. 10 Bruchstück aus einer Abhandlung. Abgerissener halber Quartbogen.
Beginn: „in dieser Sache zweifelen"

G Militärische Aufzeichnungen und Dokumente

Nr. 1   Quittung ZWILLINGS über ein Darlehen
Neumarkt, 22. VII. 1798
mit Garantievermerk des Prinzen FRIEDRICH JOSEPH
Quartbogen quer beschrieben

Nr. 2   Anrufung der Stände von Feldkirch an Gemeinden und Ortsobrigkei-
ten, ZWILLING in militärischer Mission zu unterstützen, 10. III. 1799
Großfoliobogen

Nr. 3   Erzählung ZWILLINGS von den Kämpfen in der Schweiz 6. III. 1799 bis
Anfang September 1799
11 von ZWILLING numerierte Quartdoppelbogen

Nr. 4   Darstellung der Geländeverhältnisse in der Salzburger Gegend
Klein-Oktavheft, 7 Blätter (5 Blätter ausgerissen)

Nr. 5   Kartenskizze (Allgäu, Vorarlberg)
Groß-Foliodoppelbogen

Nr. 6   Notizen über Ausmasse einer Festung
Quartdoppelbogen

Nr. 7   Gefechtsbericht
Oktavbogen

Nr. 8   Fragment einer Studie zur Taktik des Festungskriegs mit Zeichnung
Quartbogen

Nr. 9   wie 8: Studie mit Zeichnung
Großfoliobogen

H *Briefe mit Bezug auf Zwilling**

Nr. 1   Pfarrer ZWILLING an den Erbprinzen FRIEDRICH und den Prinzen LUDWIG
WILHELM
Homburg vor der Höhe, d. 11ten 8ber [Oktober] 1787
Quartdoppelblatt

Nr. 2   Derselbe an den Erbprinzen
Homburg, d. 6. Januar 1796
Quartdoppelblatt

Nr. 3   Wie Nr. 2
Homburg, d. 8tn May 1796
Quartdoppelblatt

Nr. 4   Wie Nr. 2
Homburg, d. 5. 8ber 1796
Foliodoppelbogen

Nr. 5   Wie Nr. 2
Homburg, d. 24. 8ber 1796
Foliodoppelbogen

Nr. 6   Konzeptbogen des Erbprinzen, darauf unter andern Konzept eines
Briefs, der er als Obrist des Dragonerregiments Modena an den
Regimentsinhaber richtet mit Bemerkungen über Zw. Opole, d. 7ten
April 1798 [wohl verschrieben für: 1796]
Großfoliodoppelbogen

Nr. 7   Konzept eines Briefs des Erbprinzen an seine Mutter aus Opole nach
ZWILLINGS Ankunft dort geschrieben, undatiert [Frühjahr 1796]
Großfoliodoppelbogen

Nr. 8   Prinz PHILIPP an Prinz FERDINAND
Prag, den 22. July 1809
Qktavdoppelblatt

---

* Nicht aus ZWILLINGS eigenem Nachlaß.

II. *Versuch der Rekonstruktion des Nachlasses anhand der durch Ludwig Strauss
     und Werner Kirchner überlieferten Texte*

A *Von Zwilling*
   Briefkonzepte an einen Freund

Nr. 1

Bester
   Mein Gemüth, das stark bewegt ist, und mein unruhiges Leben findet
einen stillen Augenblick, den ich dir weihe und meinem besseren selbst mit
dem Ernste und Eifer, der der Tugend eigen ist; unser Wesen kehrt tiefer in
sich selbst zurück, wenn wir an den Augenblicken weilen, wo Zeit und
Ewigkeit in einanderfallen; hier fällt die Häucheley vor unserer eignen Mo-
nothonie, und unsere eigene Unzufriedenheit mit uns selbst hebt alle Täu-
schung auf. Verzeihe mir für dißmahl und immer, wenn ich mir eine freie
Äußerung erlaube und nur aus mir selber rede, und entferne es nicht aus
unseren gemeinschaftlichen Grenzen, und höre in den Dissonanzen des
Lebens die Grundthöne unseres Wesens und eine höhere Übereinstimmung
unserer Geister; vom Augenblick der Überzeugung habe ich mir vorgesetzt,
mein Leben nicht umsonst zu verleben, nicht zwecklos und taumelnd in
seinem Kreise herumzulaufen, und meine Bestrebungen wollen ihre Richtung und thun, was sie können, ein gleiches verlange ich von dir, das ist unser
Bund, unsere Freundschaft und unsere Tugend, das unsere einzige Glücksee-
lichkeit, ich bin dessen gewiß; und mein unzerstöhrbahrer Muth ist hinläng-
lich unterstützt durch unsere innere Kraft und die Betrachtung verschiede-
ner Zeit, denn wenn ich mich zurückerrinere, auf die ausgezeigensten der
Menschen, so sehe ich deutlich, daß die Jahrhunderte, in denen die Menschheit *Epoque* machte, mehr den Werken einzelner als den gesamden einwür-
kunken aller zuzuschreiben seyen, das Zeitalter der großen Männer ist nur
ihre Schöpfung, und die gewaldigsten Äußerungen ganzer Völker entsprin-
gen nur aus dem Heldenmuth und der Geisteskraft seiner großen Führer,
wie glänzend waren die Siege von Italiens Völker, da sie SCIPIO nach Affrica
und SULLA nach Asien führten, wie ruhmreich waren Athens Flotten und wie
glücklich seine Staatsangelegenheiten, da sie THEMISTOCLES kunstvoller Geist
leitete, wie ausgezeichnet die Künste Grigenlands durch ihren Beschützer
PERIKLES oder wo sind Genuas Flotten, seitdem seine Dorias gestorben sind,
und geben Schwedens Gebürge kein Eisen mehr, und leben nicht noch starke
Menschen in seinen Thälern, und doch fürchten sie ihre nachtbahren nicht
mehr und der Geist seiner kühnen Beschützer ist ausgestorben, aber vielleicht keimen im bildenden und vorbereitenden Schoose der Zukunft weisen

Lehrern tapfere Männer denen, die keine mehr haben, denn an der Bildenden
Schule, die allein einen Grund legt, ist alles gelegen, und nur von einer
reichen Lehre können wir sie fodern und alles, was der Augenblick versagt,
denn zu THESEUS zeiten in Athen sahen die Ufer des Euphrat weder XENOPHON
Kriegszucht, noch die Felder von Marathon die Lebendigen Mauren des
MILTIADES seines Heeres, und Grigen waren nicht die Herrn des [. . .] nicht die
Sieger von Indien, zu den Zeiten des LIKURGS lebten sie noch nicht, AGESILAUS
und LEONNIDAS und alle die Heldenvolle zucht von Spartas tapferen Söhnen,
sie waren erst die späteren Kinder ihre Schöpferischen Geister;

Freund, obgleich unser schicksahl dem Zufall unterworfen ist, so soll es
doch unsere Tugend nicht sein die in unserer höchsten Einsicht besteht und
unsere eigene Kraft, nur Muth, denn die Nathur reagiert glücklich auf die,
welche sie gut beobachten, und schicklich behandelen, sie will Schnitter,
wenn ihre Saat reif ist, einen einsichtsvollen Hirten der Herde, wenn der
Wolf dräut, und Löwen in der Gefahr; die Launen des Glücks sind [. . .] schnell
vorübergehend; und man darf den Augenblick nicht versäumen, wo man mit
der Hölle auf das Feuer und mit dem Stahl auf das Eisen arbeiten muß. Ich
hoffe, du wirst meine drey Briefe beantworten, die ich dir geschrieben; oder
wenn es dir nicht gänzlich ohnmöglich ist, zu mir kommen, da ich absolut
nicht zu dir kommen kann–

den 5ten July 99   Dein
Attenmatt bey Einsiedeln   ZWILLING

Nr. 2

den 5ten Jenner 1800.

Ich habe deinen Brief vom 13ten December am Neuen Jahrs Tage erhalten,
du kannst dir denken daß ich ihn damit celebrirte weil es das einzige gute war
womit ich diesen Tag bezeignen kann; den ich übrigens, ganz elend auf dem
Piquet am Rhein zubrachte, ich schrieb in der nehmlichen Stunde als ich
deinen Brief empfing diese antwort welche folgt nider, um dir meine reinste
unwillkührlichste Reaction, auszudrücken nur mußte ich ihn biß heute, noch
in meinem *Porte feuille* lassen, weil wir, marschirten, wir stehen dermahlen
noch im vorarlbergischen in Dornbirn, werden aber nächstens in die Winter-
quartire nach Schwaben gehen um 6 oder 8 Wochen dorten zu verbleiben,
wohin und wann wir gehen, ist noch unbestimmt; davon ich dir, sobbald wir
etwas gewisses erfahren das Bestimte schreiben werde.

Zwischen einer entschiedenen Herrschaft über unsere Leidenschaften,
und der Gleichgültigkeit, ist ein Himelweiter unterschied, diese ist schlafheit,

und jene unsere stärkste Kraft, sie ist der Seele höchstes gesetz, und bringt
sie allein in den Standt, ihre Macht frey und ungebunden, auszuüben sich
selbst zu gleichen in allen ihren Bewegungen und in sich wenigstens nicht
durch sich selbst gestöhrt zu werden, damit sich nicht durch Irrthum und
durch Aberglauben die Nathur im Menschen Isolire, die steets, in den Würkungen des Ganzen, als ihrem eigenen product sich selbst gleich ist; deren
unmittelbahrste Äuserung der Geist im Menschen ist; wer diese erkennt
wird kühn in seinen Anschlägen, aber nicht unreif und verwegen in seinen
Handlungen; denn er ist sich selbst rechenschaft schuldig von einem Guth,
das er nicht im Glauben an eine Begeisterung verschwenden darf; wer das
Gesetz aller Würkung und gegen würkung kennt, der sieht nur möglichkeit
oder keine, und je weiter er in dieser Erkenntniß ist, desto weniger ist er im
Verhältniß, dem Zweifel preißgegeben, hier darf er die Leidenschaften die
den Menschen Bewegen nicht in Anschlag bringen und es zimth ihm nicht,
mit dunkeler fantasie, seinen Kopf zu füllen sondern er muß darauf bedacht
seyn daß seine Brust kluge rathschläge fasse, über seine wilden zügellosesten
Begierden, muß er eine ungetheilte strenge herrschaft führen, an deren
verschiedene Abwechselung im einzelnen darf er sich selbst nicht halten,
wohl aber kann er sie dazu anwenden, um wenn er sozusagen in sich selbst
eine graduation aller Wesen gefunden hat aus sich selbst andere kennen und
leiten zu lernen, alsdann nur erst kann er sich selbst in der reinsten form
erblicken, und sich als eine Gestaldt betrachten der ewigen Schönheit, die
ihm die nathur aufgestellt in sich selber zum muster der Nachahmung, sie ist
eine Dochter der Liebe und nicht des Hasses der ihr nur dienen muß; ihr werk
selbst flößt ihm schonung und Gedult ein, nur ihre Gewalt kann einen Löwen
bändigen, den sonst keine Gefahr zahm macht, er will seyn Werk vollenden,
und nur seine Nüchternheit kann ihm bürgen, daß er der Auserwählte ist, sie
der Zeit abzugewinnen die Zukunft, das heißt mit der Macht einer sich
fortdaurenden bildenden Form, auf die künftigen Geschlechter würken, die
ihre Feinde bändigt wenn sie den meisten gefällt, und mit der Nathur gleichen Schritt geht alles muß seine stelle Ausfüllen, und die Furchtlosen
müssen ihre vertheidiger seyn, denn wenn sie nur auf dem mechanismus der
Furcht beruht, so liegt sie zu Boden wenn sie die wiedersacher nicht mehr
schreckt, und unser werk hört auf wenn es Menschen giebt die ebenso kühn
sind als wir. Sonst thut der Mensch nichts als er zeigt der Welt seine Schande
und seinen Fluch, womit er sie gebrandmarkt hat; denn, daß das Gedächtnis
eines menschen bleibe rechtfertigt weder seine Güte noch macht ihn un-
sterblich denn es ist wohl ein unterschiedt, ob die Menschen ein kreutz
anbeten, oder vor dem Donner des Jupiters niderfallen ob sie den Mönchen
nachlaufen oder um das Orakel des Apolls sich versamlen, oder gefällt dir nur
die zerstörende Kraft die wie ein überschwellender Strom den Dam einreist
und die Gestaldt der Dinge verändert, der ist verdamt in meinem Auge der

nur den Stolz in sich betrachtet, es ist dann das Leben gewichen aus seinem
Bau, und der Geist hat ihn verlassen, der ihn hervorgerufen ihm zu dinen als
ein schöpferisches Werkzeug, aber nicht ihn zu beherrschen, die Nathur
beobachtet, in dem Mechanismus, einer ganzen Reihe sowohl als in einem
einzelen wesen, in allem ein gleiches Gesetz, nur im Menschen kann sie sich
in jedem Augenblick isoliren, und den Irrthum zeugen mit seinem falschen
unkentbahren fürchterlichem Geschlecht, von halbgebuhrten von ver-
stümmelten Wesen; aber die Wahrheit der Erkenntniß, und die Herrschaft
des Geistes in uns besteht darinn daß wir das Uebergewicht einer Neigung
durch die Gegenüberstellung aller entgegengesetzten, zusammen in ein
Gleichgewicht aufheben, und alle gegen einander in ein gleiches ebenmaß
verteilen. Darinnen liegt die Herschaft und die übereinstimmung des Geistes
der bey seinen Handlungen außersich stets in der festesten unerschütterlich-
sten Ordnung stehen muß, denn die Bestrebungen eines edlen und gewis-
senhaften Menschen kann nur seyn ihn zu übertragen auf alle äusere das ihm
wiederspricht, und wie könnte er das wenn er selbst hingerissen wäre mit der
Verwüstung, der Wahrheit zu folgen ist die freye Verbindung großer Geister
wie du selbst sagst, eine Sache die man nicht zu bezeignen braucht, sondern
etwas das schon gekannt ist, so bald der Mensch sich selbst geprüft hat, und
die so es nicht gethan haben und nicht können gehören nicht in diesen Kreiß,
sondern sollen seinen Würkungen unterworfen seyn. Wer denn weiß wie er
sie sich dienstbar macht, der ists wofür er gelten will, und er mach sein
Recht nehmen wenn er die macht hat es zu behaupten, alles diß habe ich nicht
als einen Wiederspruch sondern nur als einen Gegensatz dir entgegen gestellt, du sprichst von den motiven, und darinn sind wir völlig einig, und ich
stelle die Handlung außer uns dar, darinnen immer die Verschidenheit darauf
hinaus läuft, daß wir die Menschen in verschiedenen Lagen kennen, du bist
mit gelehrigen umgeben in denen jedes worth von dir eine verzehrende
Würkung hat, Ich aber mit keinen andern als nur mit solchen, auf die nichts
anders als eine überraschende äuserung unserer Kraft Würkung thut, die
still in unserem Busen reift, von der sie als etwas unbegreifliches den Ursprung verlachen würden, vor dessen Würkungen sie sich aber doch betrof-
fen fühlen, und sich demüthigen. Es war auch einmahl eine Zeit, da ich meine
Neigungen, noch nicht zum Bewußtseyn erhoben hatte, mich hingerissen
fühlte von einer fremden Macht in der Begeisterung. Ich schlug mir Wunden
in den Kopf wie eine epileptische Krankheit, davon die nothwendige folge
war das ich ihr unterliegen oder sie beherrschen mußte, das wird mich aber
keineswegs verhindern sie jeden Augenblick als eine dinende Kraft aus mir
hervor zu rufen, und sollte es auch gleich in einer Zeit seyn da mein Haupt
schon graues Haar trüge und ich mir selbst schiene sie längst vergessen zu
haben, wenn ich sie nöthig oder anwendbahr finden sollte so heißt das Gesetz
das die steets gleiche steets mächtige Nathur in uns hervorgerufen als wür-

kenden Weesen in den unendlichen Neuerungen der verschiedenheit, worinn kein Wesen gebunden ist sich weder an eine Bestehende form noch an eine gänzliche Auflösung derselben zu halten, sondern jeder muß das suchen was ihm am dinlichsten ist. Mit allem disem widerspreche ich nicht sondern ich verständige mich nur, und zeige dir damit aufrichtigkeit und liebe, wir wollen uns vereinigen und es soll eine helle flamme auflodern die wir feyerlich begleiden werden wie eine neue regeneration der Nathur. Es wandele die Lieb ihre zauber in Haß es fachen die winde den Funken zu Glut, wüthe verzehrende flamme der Erde, sie haugt ihren söhnen Zerstörung nur ein, nur durch das wiedergebährende feuer sich jauchzend entbindet ein neues Gebild, schöner gebohren vom schoße der Mutter, sich ewig erneurend die gleiche Gestaldt.

Nr. 3

Ich habe deinen Brief vom 19ten März erhalten; es durchströmten mich Gefühl der Freude; wie sie nur der erste Mensch kann empfunden haben, da ihm die erste Sonne aufging am Firmament; und ihm zeigt, daß die Nathur, seine Mutter, in freundlicher Eintracht alle Elemente bewegt; und daß es nur des Menschen Unverstand und Irrthum ist, wenn er des Lebens hohes Gefühl in sich selbst fühlt und noch zweifelt und das Geräusch ihrer Bewegung für einen zerstöhrenden Kamf hält. In der Dunkelheit der Nacht rauscht die Welle her aus der Ferne des Oceans, es braust der Sturmwind vom Gebürg herab, aber die Sonne geht auf und die Nathur begegnet sich freundlich. Ruhig wird sein übertäubtes Ohr und hört den leisesten Lauth, und sein Aug sieht bey hellem Licht die geringste Bewegung des Lebens und seine freudigste reaction besänftigt die tobende Brust.

Ich saß gestützt auf meinem Arm und dachte nach, wie weit sich der Mensch im Zweifel verstricken kann und daß alle diese Zweifel nur in der Unbedeutenheit liegen und in den Abneigungen und Irrthümern seiner Nathur, und daß er freilich sich mit allem dem in eine vollkommene Berührung setzen könne, was im eigentlichen Verstand Bedeutung und Leben in sich faßt; daß es aber jederzeit dem Glück unterworfen ist, diese Stelle aufzufinden und von dieser Seite sich seinesgleichen nähern zu können, denn nur da, wo Bildung ist, kann die Vernunft würken, aber wo diese aufhören, hat das bedeutendste Leben seine Grenzen, und wenn der Mensch mit sich selbst zu Ende ist, bleibt ihm nichts mehr übrig, als sich in die Übereinstimmung mit allem Nothwendigen zu setzen; um es auf der Stelle zu thun, ist seine Nathur zu mangelhaft, um abzuwarten, bis sich ihm seine Gegenstände assimilieren, ist sein Leben zu kurtz. Das Glück zieht einen zauberischen Kreis um ihn, und der einzige Weg, der ihm übrig bleibt, ist, mit einem muthigen Schritt heraus zu treten. Was hinter mir liegt, war lehrreich und hat mir eine zu große Bescheidenheit eingeflößt, um mich je vergessen zu können, die mich stets begleiten wird, so daß ich das Glück als meine Führerin nehmen könnte, ohne unter die trunkene und taumelnde Schar seiner Verfolger zu gehören. Daher ich überzeugt bin, daß wenn es mir einmal begegnet, es mich nie mehr verlassen wird. Man staunt das groteskeste Hieroglyphenbild nicht mehr an, wenn man seine Auslegung kennt. Nur so ist mir mein vergangenes Leben überdrüssig, weil ich seine Regeln schon gefaßt habe. Die Lücke, die ich vor mir fand, hat mir manche Inconsequenz begünstigt, die ich beging, weil ich sie vergaß in meiner Nichtigkeit zu achten. Ihre Folgen fallen mir auf und bringen den peinlichsten Zustand von leidenschaftlicher Begierde in mich. Wie gelegen mir dein Schreiben war, darf ich dir nicht sagen, weil es frappante Ähnlichkeit mit meinem Zustand hatte, und ich habe es gefühlt, wie lieb und wie theuer uns jemand wird, der sich mit unserem Zustand beschäftigt, wenn der Mensch in solcher Gemüthsverfassung ist, und wie groß die Gewalt ist, die Menschen über Menschen haben können und wie glücklich der ist, der davon Gebrauch machen darf, und wie frei und wie groß er sich fühlen kann. Dem Übermut eine Schmeichelei zu sagen, heißt ihm seinen Tadel ins Gesicht werfen und seinen Fall begünstigen, aber seinem bescheidenen Freund das gebührende Lob zu geben, heißt ihm Gerechtigkeit widerfahren lassen, ist eine Bestätigung der Achtung und Treue, die wir für ihn fühlen; und ihre Kennzeichen die auf die Sache selbst gegründet sind, befestigen die Freundschaft.

Nr. 4

Lange habe ich auf einen Brief von dir gewartet, aber umsonst, und so sehnlichst als ich harrte, so afficiert es mich weniger als sonst. Denn ich bin es in meiner Nichtigkeit müde geworden, die resignation meines Zustandes zu betrachten. Ich lebe in meinen Träumen und bin glücklich in der zuversichtlichsten Hoffnung, in der tiefsten Stille, in der strengsten Einsamkeit fühle ich das Leben selbstgefällig als mein Eigentum durch eine Art der vollkommensten Betrachtung, welche eine wohltätige Gegenwürkung der Natur ist. Ich gehe ohne affection über den Wust der Gemeinheit hinweg, ich habe mich gebadet, in ihrem schmutzigen Pfuhl gewälzt, in ihrem tiefsten Kot, und in diesen Versuchen die Fähigkeit der menschlichen Natur geprüft, wieweit sie umgeben vom Laster in sich selbst der Tugend fähig ist, und mir ist, als hätte ich mich getaucht in die Gewässer des Styx und ging hervor unverwundbar gegen die Pfeile des Schicksals. Es ist ein erhabener Stoizismus, der uns in uns selbst zurückführt und uns lauschen lehrt dem ganzen wohltäthigen Einklang der Natur, in dem leisesten Laut unserer selbst. Jetzt keimt in meiner

Brust keine andere Freude als meine eigene. Ich entsage allen würklichen
Dingen und empfinde etwas Besseres als sie alle selbst sind, ich liege in einem
schwankenden Kahn, der Wind spielt mit meinen Haaren, und meine gegenwärtige Glückseligkeit, die ich als den Grund meiner künftigen Hoffnungen
betrachte, wiegt meinen Geist in wahrsagenden Träumen der Zukunft. Ich
bin getrennt von meinem Freunde und von allem, was mir lieb und theuer ist,
aber ich fühle mich ihm näher, als ich jemals war, sein wohltätiger Geist
begleitet mich in unsterblicher Schönheit, und seine magischen Bilder lehren
mich die ernste Sehnsucht empfinden, seine Gegenwart nie zu missen und
mich zu einem gemeinschaftlichen Leben vorzubereiten. Ich denke mir jede
Freude als eine gemeinschaftliche Freude, jede Handlungsweise meines Lebens als eine gemeinschaftliche, jede Bemühung als eine gemeinschaftliche
Arbeit, jede Hoffnung als eine gemeinschaftliche Seele und jede Ernte als eine
gemeinschaftliche Belohnung. Ich glaube nur meine Schuld gegen die Natur
abzutragen und ihre Wohltätigkeit außer mir zu finden, wenn ich die Bande
fest knüpfe, dazu mir die Liebe und die Freundschaft den Weg gezeigt haben.
Sonst fürchte ich, sie möchten zerreißen und ich möchte als ein leerer
Träumer oder als ein isoliertes Ungeheuer dastehen, und wenn dieser Zauber
fortfährt, der mich befallen hat, so wird auch das Glück meine Hand leiten,
dieses kunstvolle Gemälde auszuführen, das ein einziger falscher Strich
entstellen kann. Dürfte es wohl nicht der Mühe wert sein, dieses angefan-
gene Werk zu vollenden, mit unseren Gefühlen die Natur zu bezahlen, die
Tugend mit unserer Standhaftigkeit zu ehren und durch Geschicklichkeit
unseren Geist zu erheben, und von nun an betrachte diese Dinge mehr als
nothwenig als wie selbstgefällig, denn nur im Einklang der Natur können wir
ihren Wechsel verstehen und behandeln lernen, sie allein nur lehr uns ruhig,
stolz und ohne Gefahr an den Klippen des Lebens vorüberzufahren. Sie
macht uns selbstgenügsam, indem sie uns eine schöpferische Tätigkeit ein-
flößen und mit einer stoischen resignation begaben wird, ein Fels, an dem die
Macht des Zufalls bricht und hinter dem wir ruhig liegen. Ich empfinde es, ich
schreibe diesen Brief schlecht. Ich bin geneigter zu glauben, daß unsere
Freundschaft der einzige und höchste Zweck unseres Lebens seyn soll und
daß wir sie mit nichts in Beziehung sehen dürfen, sondern alles andere nur
mit ihr, und daß nur das, was mit ihr bestehen kann, ein gegründetes Gut ist.
Ich gestehe es frey, es ist das erstemal, daß ich so denke, allein ich bin zu
entschuldigen, weil ich noch nie glaubte, das Recht dazu gehabt zu haben,
indem mich mein äußerer Zustand bis zum Vergessen meiner selbst beschäf-
tigte. Ich brech schon lakonisch ab, ohne etwas abgesandt zu haben, aber
mein Gegenstand war so erhaben, daß ich kein Wortgepränge brauche, um
ihn dem Ohr einzuschmeicheln, denn das Ohr meines Freundes ist zart, und
sein Aug ist scharf. Dafür betrachte diese Zeilen wie eine schöne Gestalt, die
unter zerrissenen Kleidern hervorsieht, und erkenne daran anständige edle

Gebärde. Die Sprache ist [...] die sie zu uns redet. Sie gleicht ganz dem stillen und leisen Genius, der uns folgt, den wir hören und verstehen, ohne daß er uns mit lautem Getöse und rauschendem Schritte begleitet, wie unsere tauben Gefährten

Nr. 5

Freund, vergib mir, wenn ich dich noch einmal angehe, glaube aber ja um aller Welt nicht, daß ich von dir was erbetteln wollte, wenn ich mich gleich entschließen könnte, es bey jedem anderen zu thun, so kann es doch bey dir nicht seyn, denn gegen dich ist mir jederzeit die Liebe um die Achtung feil, was bey jedem andern nie geschehen wird, weil ich mich zu viel selbst liebe und die Menschen zu wenig schätze, daher ich die meisten nur als tode Objekte betrachte, die ich gezwungen bin, nach Nothwendigkeit zu behandeln. Achtung ist keine Gegenwürkung für die, so sich nicht selbst schützen können. Sie wähnen kaum, was es in anderen heißt, und wo ja davon eine dunkele Spur sich zeigt, da hat ihre schmächtige Eigenliebe schon Abneigung geboren, und ich habe in der Welt gelernt, daß mir die Liebe der Menschen dienlicher ist als der Haß. Wie oft fällt nicht wohl ein Samenkorn unter einen Stein, das sich krümmen muß, um hervorzugehen, aber ist es einmal aufgegangen, so schießt es doch gerade in die Höhe, oder soll es deswegen nicht aufgehen, weil es eine Sünde sey wider die Natur, ein Hindernis zu überwinden? Die Nothwendigkeit ist unsere gebietende Gottheit. Wenn wir es aber verstehen, ihre eigene Schaale ihr zurückzugeben und ihr mit gleichem Maß zu messen, dann ist sie nur unsere unterworfene Dienerin. So finde ich mich gezwungen, jetzt fast allgemein zu denken, nur gegen wenige ausgenommen, worunter sich mein Freund befindet. Siehe, so rede ich nur zu dir, um mich dir bekannt zu machen, weil ich nicht weiß, ob du mich würklich kennst, denn aus diesem Urgrund entspringt so viel, daß man alles, wenn man will, selbst Unredlichkeit daraus entschuldigen könnte. Bey Gott, aus diesem einzigen Grund ists, daß ich rede; denn das kannst du mir wohl zutrauen, daß ich nicht so töricht bin zu glauben, als könnte die Natur der Dinge mit leeren Worten anderst wohl erschaffen werden. Nein, die Raupe kriecht, bis sie sich einhüllt, und der Schmetterling fliegt bis an seinen Tod, aber die Zeit kann doch verändern, wenn die Natur schon selbsten ins Beginnen ihren Grund gelegt. Nein, jetzt will ich auch von dieser Möglichkeit nicht reden, sondern mich ganz allein auf meinen obigen Grund beschränken. Daher sollst du weder das, was ich sage, als unzeitigen Stolz, noch als übertriebene Schmeichelei, noch als heimtückische oder charakterlose Bescheidenheit mir ausdeuten, sondern ich will mir auf jeden möglichen Fall, der an meine Rechnung fällt, dir die Antwort ertheilen, wie ich denke. Deswegen will ich vom

Freunde nicht begehren, was nur dem Menschen angehöret, auch will ich
nicht mit meinem Freunde rechten und Verina gegen Fiesko spielen. Ich will
auch nicht *den* Menschen antasten, der mir an dir verehrungswürdig und
stets groß erscheinet, und will kein unbescheidenes Geräusch machen, das
eine heilige Stille störet, nein, ich will mir einige Resultate zusammenstellen,
die die Frucht meiner Überlegung sind, und dir so ein getreues Bild meiner
selbst entwerfen und dir zeigen, was in meinem Gemüthe die Würkungen
der Welt hervorbringen und dir zugleich das Produckt auseinandersetzen,
das aus dem Contrast meines Lebens und meiner Fantasie entstanden, das
gar keine und alle Realität zugleich in sich hat.

Nr. 6

Es bleibt mir noch etwas übrig, mich vor meinem Freunde zu rechtfertigen,
daß ich mich in Sachen zu verwicklen scheine, deren Ende ich nicht absehe.
Verzeih mir, daß ich dir das Wortspiel anführe, denn ich spreche von einer
Sache, in die ich von Natur durch Zufall oder Nothwendigkeit mehr verwickelt bin, und zwar mehr als mir bey meinem in Zweifeln verwickelten und
ebendaher ins Unendliche ausgedehnten Zustand lieb sein dürfte, und ich
muß gestehen, daß mein ganzes Bemühen nicht dahin geht, mich in ein
Labyrinth zu verwickeln, sondern, auf welche Art es auch sey, den Weg
herauszufinden; und ich glaube, daß ich auf meine Stärke rechnen kann.
Denn ich fühle es nur zu deutlich, daß alles Gefühl um den Menschen lau
wird und sein ganzes Interesse verliert, indem das Maß seiner Denkkraft
auch mit seinen Gefühlen abnimmt, und mir ists deutlich, daß es nicht die
Bestimmung des Menschen ist, etwas vor sich wegzuschieben, sondern er
muß alles hinter sich zurücklassen. Dann kann er ungehindert seine Bahn
gehen und versichert seyn, daß nie etwas hinter ihm her aus der Vergangenheit sich ihm in den Weg stellt, und wie überhaupt der Mensch die Stärke
seines Vertrauens an dem Maße seiner Gefühle messen und darnach beurtheilen muß, so kann ich auch von mir selbst sagen, daß ich Muth fühle in
meiner Brust, und warum sollte er mir nicht für mich selbst zu Gebot stehen,
da ich ihn schon so oft für nichts angewendet habe?
Ich lege hier eine Confession meines ganzen Lebens ab; ich lege anmit mein
Schicksal in deine Hände, edler Mann; es wäre freylich gewagt, wenn ich mir
nicht selber hätte zutrauen dürfen, meinen Freund zu kennen, aber so ists
das große Opfer meiner Liebe und meines Zutrauens gegen dich, allein
meiner Achtung würdig. Als ein solches nimm es an und thue für deinen
Freund, was du willst; ich will ihm noch seinen Wert erhöhen und dir sagen:
es hat mich nichts gekostet. Ich habe deine Hand geleitet zu meinem Herzen,
deine Rechte hält meinen Himmel und deine Linke meine Hölle.

Antworte mir nur mit Wirklichkeit und Gewißheit; alles andere ist eitel, alles andere ist nichtig. Denn in der ganzen Schöpfung der Gedanken finde ich keinen Trost mehr. Meine ganze Standhaftigkeit ist erschöpft, und für eine törichte Schwärmerey, die einige Minuten nichts marschiert und im nächsten Augenblick das alte Übel gebährt, habe ich keine mehr. Nur die Gewißheit, sie mag auch seyn, wie sie will, kann meiner Seele ihre Kraft, ihre Ruhe wiedergeben, die sie nöthig hat, um ihre Laufbahn zu vollenden.

Nr. 7

Ich soll dir viel schreiben und regelmäßig. Ich würde es mir nicht sagen lassen, wozu ich mich angetrieben fühle, wenn ich es öfter thun könnte; ich erinnere dich, was du für einen Platz in meinem Herzen hast und Mißverständnisse können zwischen uns nicht stattfinden, denn wir denken beide und überlegen, und je mehr der Mensch sein Nachdenken reift desto weiter entfernt sich der Argwohn, und List wird an dieser Stelle eine gemeine Torheit. Auf Vernunft und Edelmut trauen, heißt seine eigene Überlegung adlen und die Erhabenheit über das Gemeine behaupten, dem die Natur durch ihre geheimnisvollsten Wege den unvermeidlichsten Untergang bereitet hat. Das ist der nothwendige Gang des Verhängnisses. Die Natur will die Grundveste ihres Bestehens nur auf Wahrheit, Stärke und Vollkommenheit gründen, alles Erzwungene, Erkünstelte und Unnatürliche ist ein zerbrechliches Gebäude, ein Werk des Augenblicks, ein Gebilde des Irrthums, ein Gewebe der Torheit. Die Welt spricht von Freundschaft, aber sie kennt die Sache nicht. Menschen, die durch ihren Wohlklang angezogen, durch das Gefühl ihrer Stärke bezaubert werden, das sind Freunde, und diesen allein ist es zu verzeihen, wenn sie die Schwächen der menschlichen Natur ertragen und dulden, und diese Mängel werden alsdann nur die Schatten, damit das Licht desto schöner in unsere Augen fällt und uns die ganze Vollkommenheit der belohnenden Natur empfinden läßt. Wie selbstgefällig wandelt man in dem Gefühl, das Unabhängigkeit zur Mutter hat und von keiner abhängigen Zerbrechlichkeit gestört wird. Wir können ein Bild aus der Körperwelt nehmen und die schwachen Materien betrachten. Sie werden gemodelt und gedrückt von ihren Nachbarn, und die Starken erhalten sich und bleiben naturgetreu. Eine ausgebreitete Entwicklung aller Eigenschaften bildet die Vollkommenheit. Wohlklang, Schönheit, Ebenmaß sind die Zeichen der selbständigen Natur; sie sind der allgemeine Trieb, das allgemeine Bestreben der Wesen. Man muß sich nicht bemühen, durch Denken zu erstreben, was man empfindet, noch durch eine sophistische systematische Übertragung des Denkens das zu Boden schlagen, was man empfimdet. Denken und Empfinden sind bey den Menschen wie der Hunger und der Durst: er muß beyde stillen, wenn er leben will. Wie gering ist das Denken, das nicht ein hohes Gefühl belebt, wie tierisch ist das Gefühl, das nicht durch das Denken erhoben wird, und von beyden wird der Mensch regiert. Die, welche von der Vollkommenheit der menschlichen Natur miteinander reden und ihre Stärke und ihre Kraft gegen einander anziehen, die haben wohl etwas Edleres und etwas Stärkeres an sich als die Gewöhnlichen, wenigstens haben sie ein besseres Bestreben voraus. Wir sind Menschen und haben Schwächen, wir müssen sie ertragen, und diese Nachsicht kann sie wiederum nur beschämen, weil sie nicht das Band sind, das uns vereinigt. Wo gutes Bestreben zum Grunde liegt, bessert alles. Die Torheit wird durch alles verdorben; das Lob, das der Senat dem CALIGULA und NERO beylegten, vergrößerte ihre Torheit, das Lob, das ein TRAJAN und MARK AUREL erernteten, munterte sie nur zur Tugend auf. Größe und Güte wohnen in uns selbst, äußere Umstände machen keine Veränderung, sondern sie entwickeln nur unsere inneren Anlagen. Am rechten Ort seine Eigenschaften gebrauchen, das ist der Stein der Weisen, den so wenige kennen und ausüben; ein König von Sparta sagte, als man ihn wankelmüthig nannte: „Ich verändere mich nicht, es sind nur die Umstände, die sich verändern", denn es ist thörigt klug und gelassen zu thun, wenn man mit dem Glück die Würfel schiebt, es ist töricht, vermessen gegen das wogende Meer zu gehen und seiner strömenden Fluth einen Damm zu bauen; wenn man mit dem Glück spielt, muß man verwegen sein, und wenn man das Meer dämmen will, muß man die Ebbe abwarten. Ich schreibe dir diese Dinge wieder, weil ich sie täglich bey mir wiederhole, indem ich glaube, daß sie der Mensch nie zu oft betrachten kann. Sie sind der Ursprung der Unvollkommenheit, die so viele verstümmelte Wesen gebiert, sie vermehren nur die Reihe der Caricaturen. Je stärker die Naturen sind, die sie im Kampf emporgetragen, desto verstümmelter sind die Geburten ihrer Hand. Durch dieses Loch rinnt die Menschheit wie das Gewässer durch das Faß der Danaiden. Hingezogen in das Getümmel der Welt, von Leidenschaft bewegt, vergißt der Mensch seine ernährende Mutter, die ruhige stille Natur, ungestört in sich selbst für andere leben können auf dem graden Pfade, der keine Rätsel aufzulösen gibt, keine Zweifel mit sich führt, das ist schön, aber die Welt, die ich kenne, ist anderst. Man hat mehr mit dem Nothwendigen als mit dem Besseren zu thun, und man muß mehr an das denken, was ist, als was sein soll. Die Wahl des Menschen ist nicht zwischen Gut und Böse sondern zwischen einem geringeren und einem größeren Übel wirft sich die Frage auf, und wird ihm die Wahl gelassen, und auch das mehr oder weniger: je nach dem Glück oder Unglück ihn begleiten: so sehr man auch sein Nachdenken reift, so übt das Glück doch eine gewisse Herrschaft aus, durch Klugheit und Scharfsinn geht man weiter, aber zur Vollkommenheit kann man es nicht bringen. Gewiß kann man nie seiner Sache sein, man muß bey allen Gelegenheiten die Hälfte dem Glück überlassen und ihm vertrauen und froh sein, wenn man ihm durch Vorsicht und Überlegung die andere Hälfte abgewinnen kann. So halte ich dafür, muß sich der Mensch in niedrigen Umständen oder wenn er sich zu bedeutenden Handlungen seines Lebens vorbereitet betragen, ganz anderst aber, wenn das Glück Entschließungen und Handlungen von ihm fodert. HANNIBAL sprach immer davon, daß das Glück den Jungen günstig sey und die Alten verlasse, daß heißt: es hat die Verwegenheit lieber und läßt sich eher durch Kühnheit bändigen als durch Vorsicht gewinnen. Das kommt daher, weil schnelle Handlungen überraschend und bestürzend sind und keinem ihrer Gegner Zeit lassen, sich zu besinnen. Wer Ungelegenheiten oder gar Gefahr auf seinem Wege flieht, der verwickelt sich mehr und stürzt sich in größere, wenn er sie vermeiden will. Je schneller man den Hindernissen, je mutiger man der Gefahr entgegen geht, desto sicherer kann man sein, sie auf die Seite zu räumen, und überdies haben Mut und Geschicklichkeit noch das an sich, daß sie die Menschen an sich ziehen und jeden interessieren.

Dieser lapidarstiligte Text, den Überlegung und Erfahrung bewähren, hat für mich ungemein viel Lehrreiches an sich. Man kann ihn in seiner mannigfaltigen Verwendung nicht genug betrachten, sich darnach prüfen und ihn anwenden. Ich halte ihn für den Schlüssel zu den Geheimnissen des Glücks, und überall wo wir im Stand sind, sie durch zu sehen, zieht sich der Nebel von unseren Gegenständen weg, und sie liegen klar vor unseren Augen. Alles, was ich davon sagen kann, ist, daß die Einseitigkeit die Menschen verblendet und Vorurtheile sie der Gunst berauben, diese Betrachtungen gehörig zu reifen und anzuwenden. Aber es ist auch nicht leicht, ihm nachzukommen, denn es gehören Beharrlichkeit, Fleiß und Aufopferung dazu, um sich durch Ehre und Ruhm über das Glück hinauszuschwingen, daß man unabhängiger von seinen Launen wird; so den Peliden sehen, wie er sich an der Leier ergötzt und ruhend seinem Schicksal gebietet, flößt dem Gemüthe Muth und Selbstvertrauen ein, weil es uns eine Stufe anzeigt, auf der sich der Mensch Meister über sein Glück macht und in Ruhe die Saat seiner Hände Arbeit genießen kann.

Nr. 8

Lieber SINCLAIR [1804]

Ein erhabener tugendhafter Weltweiser sagte: „Je weiter ich komme, desto mehr sehe ich ein, daß ich nichts weiß." Ich weiß recht nicht, was eigentlich die Schuld ist. Es lernen mich meine Zeitgenossen, es lehrt mich die ganze Geschichte der Menschen, daß es nicht das an sich hat, was ich ehmals selbst glaubte. Wenn der Mensch sich selbst leben kann, für die Einsamkeit und das was sie mit sich bringt, bin ich verdorben. So erhaben die Gedanken sind, die aus der menschlichen Seele ihren Ursprung haben, so gewiß das einzige sind, das der Mensch als ein Ziel betrachten kann, so füllen sie das Bedürfnis nicht aus, ja sie selbst sind die stärkste Mahnung, die den Menschen ganz aus sich herausführt; sie zwingen uns dazu mit der unüberwindlichen Gewalt der Überlegung. Wenn sich der Mensch in sich selbst verschließt, gerät er auf einen mystischen Weg, eine Sache, die mich anekelt. Wenn sich der Mensch in der Einsamkeit mit dem Äußeren zu beschäftigen unternehmen will, so läuft er zweimal Gefahr, entweder daß er sich mit Dingen beschäftigt, die er nicht kennt, oder er vergißt alle Zufälligkeiten und hält sich nur an etwas Einfaches, dem er um so mehr anhängt, weil er es zu erkennen nicht verfehlen kann. Übereinstimmung in einer Theorie suchen, wo in allen Dingen selbst keine ist, das ist auch ein falscher Weg. In jedem Menschen ist eine ewige Veränderung, das heißt im Schoße ihrer schaffenden Gewalt, in dem Punct, in welchem sich alle Kräfte entwickeln. Ich möchte dies unter dem allgemeinen Namen sagen: in dem Herzen der Natur. Jeder Augenblick ist ein anderer, an dieser Stelle kann man nur die Kräfte üben und die Kunst prüfen, die Übereinstimmung zu finden. Bewegen kann man sich nur in der Veränderung, und leben kann man nur im Leben selbst. Es ist ein phantasischer Schlepp unserer Einbildung, von diesem Moment etwas zu nehmen und es auf den künftigen zu übertragen. Jeder neue Griff hat neue Accorde, und das traurigste Geschäft ists, stehn zu bleiben und zu wiederholen. Du mußt mich wohl verstehen. Mein Kopf ist nicht so warm, daß ich glaube, daß das Mindeste außer dem Weg der langsamen Ordnung gehen könne, am wenigsten der, der verlangt, daß es eine gangbare Straße sein soll. Vielleicht habe ich den Fehler schon eher begangen, als ich es gewahr worden, den Fehler, den ich soeben tadele, daß die Phantasie mich selbsten übereilt. Ja, ich begehe selbst den Fehler, der mir Geringschätzung gegen die größten Schriftsteller eingeflößt hat, nämlich von dem Wie zu reden ohne das Was zu berühren. Aber hier hat entweder ein Nichts oder eine hohe Allmacht einen undurchdringlichen Schleier vorgezogen. Ist es nicht ein Rätsel, was die große Vorsicht will mit dem Menschen? Sie zeigt ihm eine schattenreiche, ahndungsvolle Dämmerung und gibt ihm doch so wenig Licht. Licht wünscht sich der Mensch, und wenn er selbst den Quell des Lichts sieht, die Sonne, deren Strahlen so hell sind, so ist diese Fülle des Glanzes eine eben so geheimnisvolle Decke als die dunkelen Schatten der Nacht. Die Bedürftigkeit und der Mangel begleiten den schlimm gearteten Genius, der über unser Geschlecht waltet. Man legt dem dahinrollenden Lauf der Jahre eine reifende Kraft bey, aber was gilt ein erhabener Moment in der Zeit, und wie wiegen Jahrtausende ihn auf, die sein bedürftig sind. Wenn man vieles Würkliche zusammenfaßt, so erblicken wir solche Widersprüche in dem Bewußtsein, das zuletzt in gewissen verbindenden Augenblicken gleichsam nur durch einen bewußtlosen glücklichen Schwung der regierende Genius auf den Menschen wirkt. Jedes Leben soll in seinem Kreise gehen, und ein Bestreben führt doch jeden darüber hinweg, darum irrt er so oft. Schnell eilende Zeit, du folgst jedem meiner Tritte und willst mich übereilen! Wie flüchtig kehrst du ganze Welten um, sendest Wolken hinab und rufst Sterne herauf. Hast denn du auch in deiner ganzen Fülle einen Augenblick, der meines Herzens köstlichsten Wunsch mir bringt. Lieber, ich erinnere dich bey der Zeit, die dahin geht, um niemals wiederzukehren. Denke an unsere Freuden — sie sind es wert, daß wir ihnen das Beste geben, was wir haben.

Alle ihr Herz ergötzenden Empfindungen, weicht zurück in die unterste Tiefe meiner Seele und ruhet dort verborgen wie in tiefem Schlaf, bis die Morgenröthe des Tages kommt, die euch wieder ins Leben ruft. Ich erinnere mich, was ich vor 10 Jahren in der Schule unter den kleinen Themata übersetzte: „Ein Sternseher ging bey Nacht, sahe immer auf die Sterne, seine Blicke waren an den Himmel gerichtet und seine Füße stolperten auf der Erde." Ich würde dies nicht repetieren, wenn sich darum nicht eine unendliche Menge von Ideen bey mir anknüpfte. Man muß die kleinste combination des geringsten . . .

[Der Druck folgt den vollständigen maschinenschriftlichen Abschriften WERNER KIRCHNERS: *Württembergische Landesbibliothek Stuttgart, Hölderlin-Archiv*, Nachlaß W. KIRCHNER, cod. hist. 4° 668; II 3d 6, 1—8. Einzig bei Nr. 2 wurde KIRCHNERS Abschrift mit dem Erstdruck dieses Briefes bei *Ludwig Strauss: Jacob Zwilling.* 394—396 verglichen. Auszüge aus den übrigen Briefkonzepten finden sich bei L. Strauss, ebd. 383—85. STRAUSS' Abschriften der Briefe 1, 2 und 6 finden sich im *Strauss-Nachlaß*, Mappe 68.]

B *Von Zwilling*
  Briefkonzepte an Verschiedene

Nr. 1

ZWILLING an den Erbprinzen. Jena [?] 1795.

Ew. Durchlaucht werden nicht erstaunen, daß ich mich an Sie wende, es ist
Ihre menschliche Herablassung, die es mich wagen läßt, auf Zuversicht
meine Bitten unterthänigst darzustellen. Schon lange habe ich das Vorhaben
gehabt, das Militair zu ergreifen. Allein seit einigen Tagen habe ich erst die
Erlaubniß von meinem guten Vater dazu erhalten; vermöge welcher ich in
den Stand gesetzt bin bei Ew. Durchlaucht anzufragen ob ich bei Ihrem
Regiment angestellt werden könnte, wozu mich meine Neigung am meisten
hinzieht, und auf welche Art?

Ew. Durchlaucht

unterthänigster Diener

Z

[*Ludwig Strauss-Archiv*, Mappe 68; Auszug bei *Ludwig Strauss: Jacob Zwilling.* 370.]

Nr. 2(a)

Briefkonzepte an einen Jenenser Professor. 26. IV. 1796 [Regest]

Diese Entwürfe polemisieren gegen FICHTES Wissenschaftslehre, vor allem
gegen den Begriff des absoluten Ich. Der Primat der Beziehung, die Ableh-
nung der Isolierung eines Begriffs aus der Beziehung zu seinem Gegenbe-
griff, die Tendenz zum Ebenmaß sind hier schon ausgeprägt. Mit der Setzung
der Beziehung Ich-Nichtich als unauflösbar vollzieht ZWILLING — vor SCHEL-
LINGS Naturphilosophie — eine neue Wendung vom subjektivistischen Denken FICHTES nicht zu einem objektivistischen, sondern zu einem synthetischen
hin, wie HÖLDERLIN es seit dem Weggang aus Jena suchte, aber später erst
formulierte [...] Die ZWILLINGschen Entwürfe vom 26. April 1796 berühren
aber auch Gedanken, die gerade damals HÖLDERLIN wie SCHELLING besonders
beschäftigen: so die Abschlußstellung der Ästhetik innerhalb der Philosophie
[...] Wie dort [sc. im *Systemprogramm*] ist bei ZWILLING der Einbildungskraft eine
entscheidende Stelle zugewiesen, wie dort der „Ästhetische Gesichtspunkt"
der höchste. Das „Eins", das nur der „Empfindung" gegeben ist, und die
„Trennung", welche die „Reflexion" vollzieht, treffen in ihm zusammen.

Gleichzeitig ist aber eine sehr merkwürdige kritische Abgrenzung der Ästhetik gegeben. Nämlich nur aus jenem Zusammentreffen kann die Ästhetik der Form nach, auf keine Art kann sie dem Gehalt nach bestimmt werden und ist „mithin in ihrem Grundsatz geschlossen"; „denn ein Versuch in ihren Gehalt zu dringen, würde ein Schwanken sein daß in unendlichen überneigungen entweder zur Empfindung oder der Reflexion bestände, und daher bald Theorie des Gefühls oder eine Logische Zergliederung eines Begriffes sein würde, davon die Regeln der Kunst durchgängig Proben sind". Gegen Ende des Briefes heißt es: „So oft ich die Wissenschaftslehre ansehe freue ich mich über den erhabenen Gedanken von der Einbildungskraft. Sinclaire der der Grigischen Sprache sehr mächtig ist sagte mir daß Prometheus soviel als die Reflexion bedeute diesem Prometheus der uns vom Olympus losgerissen Stelle ich die Einbildungskraft entgegen die uns wieder hinaufgetragen hat."

[*L. Strauss: J. Zwilling*. 387 f.]

Nr. 5 I

Briefkonzept an Roques [?] [Regest]

„Schätzbahrster Freund, mich treibt . . ."
„dem Erbprinzen danke ich (meine neue Charge)"
„Am 20. wird es ein Jahr, daß ich von Homburg wegging" Da er vorher wünscht, „Frühlingsluft meines Vaterlandes zu genießen" wohl gewiß: *20. III. 1806* und Bf im März 06 geschrieben. Fragt, ob „Hr. v. Sinclair und dessen Frau Mutter in Hombg." (noch in Berlin!) Umstände hätten verhindert, ihnen zu schreiben (vgl. zu allem Briefkonzept an Frau v. Pröck!).

[*Ludwig Strauss-Archiv*, Mappe 68]

Nr. 7

[An Frau v. Pröck, wohl Sommer 1807] Konzept [Antwort auf C 6]

Sie wünschen mir Glück zu meiner erlangten Charge, in der Zeit in der wir leben ist nichts ein Glück, auser was der Mensch an innerem Gehalte besietzt, denn alles andere ist wankend zufällig und unsicher — vom höchsten biß zum niedrigsten. — Sie laden mich so liebreich zu sich ein, und hoffen daß uns die Friedens Sonne scheinen wird, wenn wir auf den Frieden warthen wollen so werden wir uns nicht mehr wiedersehen. [. . .] Wenn man keine

Unabhängigkeit in der Höhe finden kann so muß man sie in der Tiefe suchen [*gestrichen*]. Sagen Sie doch gnädigst ferner Meinem Freund, daß wenn er Gelegenheit hat ein ruhiges Plätzchen das sich für mich schicken könnte, ohnweit von Homburg zu finden, so soll er es mir zu wißen machen und ich werde mich denn zu ihm in die Ruhe begeben und meine Gemachten Erfahrungen werden dazu dinen mich mit dem was ich haben werde zufrieden zu stellen und ich will mein Glück in der Stille und Ruhe suchen, daß ich vermöge der Lage der Dinge in der Höhe nicht wohl finden werde [...] wenn man seine Betrachtungen über die Zeit und über das Geschäfte des Menschlichen Lebens macht, dann werden auch die größten Dinge klein.

[*L. Strauss: J. Zwilling*. 380.]

Nr. 8

Briefkonzept an den Prinzen PHILIPP VON HOMBURG [nach 14. VI. 1807]

... es ist Waffen Stillstandt, weil der BONAPARTE die Rußen geschlagen und sie nicht verfolgen konnte, wo wollte er hin so lange noch Oesterreich steht, jeder Schritt weiter konnte ihm den Untergang bringen und die Rückkehr ohnmöglich machen, kann er Friede Machen so wird er versuchen Oesterreich zu zertrümmern, und dann hat er freye hände gegen Rußland und kann nach Asien gehen, und seine truppen in die Läger ALEXANDER des Welteroberers führen. Wundern sich Eure Durchlaucht nicht über meine Ausschweifung, denn unseres Feindes kühnen Geist kann man nicht kühn genug beurtheilen. Männer nach der Alten Politik, die noch die Alte Welt im Kopf haben und die Neue nicht faßen können, sagen wir stünden zwischen zwey Colossen Frankreich und Rußland eins sey so gefährlich wie das andere, ich wage es zu glauben daß nur der BONAPARTE allein gefährlich ist denn seit XERXES mit einer Milion Menschen kam und wieder mit Schimpf nach Asien zurückgehen mußte, ist es ausgemacht daß nicht Länder Größe nicht Menschen Menge siegen — sondern daß dieses nur dem Geiste und dem Unerschrockenen Muthe vorbehalten sind wir können zwischen diesen Beyden Reichen mit dem Prinzipium der Unthätigkeit nicht bestehen, so wenig als Preußen bestanden hat jeder Tag an dem wir nicht größer werden ist ein Verlohrener Tag, so gut als der an dem wir kleiner werden, weil wir schon im mißverhältniß gegen unseren Nachtbahrn sind, es kann uns nichts anderes erhalten als was uns erheben kann, auserordenliche Anstrenung und ein hoher Geist.

[*L. Strauss: J. Zwilling*. 380 f.]

Nr. 11

JAC. ZWILLING an den Erbprinzen [Regest]

MarschStation b. Fridek 15. III. 1809

Gibt verlangte Auskunft über einen Rgts.-adj. WACZEK, sehr lobend.
Er sei nun ältester 2. Rittmeister und empfehle sich zum avancement. Rgt. sei
glücklich, Polen zu verlassen.
Hoffnung auf glücklichen Kriegsausgang. „Sollte uns aber die Vorsehung
kein Glück bestimmt haben, und uns nicht erlauben uns des Siegs zu freuen,
so setze ich meine Hoffnung auf die Gnade Eurer Durchlaucht und hoffe daß
wenn mich mit allen ein allgemeines Unglück trieft und meine Bestimmung
ist solches zu überleben, mir eine CivilAnstellung in meinem Vaterlandt zu
haben oder zu verschaffen. Vergeben mir Eure Durchlaucht mein schlechtes
Schreiben, ich bin in einer elenden Bauernhütte bei Fridek in Quartir, wo ich
vor dreyzehn Jahren *chevaux leger* geworden ..."

[*Ludwig Strauss-Archiv*, **Mappe 68**]

C *An Zwilling*
  Briefe von Isaak von Sinclair und seiner Mutter, Frau v. Pröck

Nr. 1

Sᴵɴᴄʟᴀᴵʀ an Zᴡᴵʟʟᴵɴɢ. Rastatt 11. I. 1799

Rastadt d. 11ten Januar 1799

Dieser Brief liebster Zᴡᴵʟʟᴵɴɢ ist einzig und allein für den Fall wenn Mᴜʜʀʙᴇᴄᴋ (von dem ich dir nichts sagen kann als das, daß er da er dich aus deinen Briefen an mich kennt gleich nach Empfang deines Briefs am 9ten Januar sich entschloß zu dir zu reißen um dich zu pflegen.) nicht zu dir käme. Er ist am 10ten Januar Nachts um 1 Uhr abgereist extrapost, muß also schon vor dem Empfang dieses Briefs wenn ihm kein Unfall begegnet ist bei dir eintreffen da er Tag u. Nacht reist, und also spätestens den 14ten kömmt. Im unglücklichen Fall aber daß er einen Unfall gehabt hätte, schreibe ich dir, daß ich deinen Brief an deinen Vater öffnete u. ihn am 9. mit dem deinigen an mich schickte und darauf einen hiesigen geschätzten Arzt consultirte, der beiliegend *responsum* gab, aber eine genauere Beschreibung deiner Krankheit von dir verlangt. Dies schicke mir sogleich und schreib mir dazu. Mehr schreiben kann ich nicht weil ich grobe Eile habe u. ich mag nicht noch stärker den unglücklichen Fall daß Mᴜʜʀʙᴇᴄᴋ nicht zu dir käme supponiren. Lebe wohl und gieb mir mit deiner Gesundheit meine Ruhe wieder. Das original des *responsi* hat Muhrbeck [Folgt Abschrift des 'responsi'].
Im Fall Mᴜʜʀʙᴇᴄᴋ bei dir ist 1000 Grüße von Sᴄʜᴇɴᴄᴋ Hᴏʀɴ u. mir. Sag wir erwarteten morgen einen Brief von ihm von Studtgardt u. er solle sich hüten, auf seine grose Bewegung der Reise, nicht zu stille zu sizzen. Den Brief an sn. Bruder schickte ich weg.

(Beilage: eine wohl vorher von Zᴡ. übersandte Krankheitsbeschreibung des Feldarztes gez. Mᴜ̈ʟʟᴇʀ. — Adresse verstümmelt, aber sichtlich die gleiche wie im folgenden Brief. — Die Krankheit nach der Beilage Nieren-Eiterung infolge einer Nierenentzündung.)

[*Ludwig Strauss-Archiv*, Mappe 68. Auszug bei *L. Strauss: J. Zwilling.* 372. Masch. Abschr. im *Hölderlin-Archiv, Nachlaß W. Kirchner*, II 3 c 13,1]

Nr. 2

SINCLAIR an ZWILLING und MUHRBECK. Rastatt 19. I. 1799

An Herrn ZWILLING Unter*lieutenant* im K. K. *Chevaux-legers Regiment Modena* dermahlen im Standquartier des RegimentsStaabs zu Vilshofen bei Passau in Bayern.

Rastadt d. 19ten Januar 1799

Wir haben liebster MUHRBECK, 3 deiner Briefe einen von Studtg. einen von Ulm, und den lezten von Ingolst. vorgestern erhalten, und hoffen nun morgen einen von dir nach deiner Ankunft zu bekommen. Dein Vater, liebster ZWILLING, hat mir gestern geschrieben, daß du ihm unter dem 6ten Januar deine Besserung meldetest. So gros auch die Freude war, die wir darüber hatten, so erwarten wir doch erst von MUHRBECK umständliche Nachricht, um unserer Sache ganz gewiß zu sein. Dein Vater schreibt mir weiter: „Nach demselben (deinem lezten Brief) stimmt sein Verlangen hieher „zu kommen, mit Ihrem Wunsche daß ich ihm solches erlauben möge, „vollkommen überein. Ich habe nichts dagegen. Ja; es wird mir und „meiner Tochter eine HerzensFreude sein ihn auf einige Zeit wieder bei „uns zu sehen. Er wird es durch meinen Brief an ihn erfahren, darum „zweifle ich nicht daß er in kurzem kommen werde."
Dieser *nervose lapidar* stiltige Text ist uns ein Commentar zu unendlicher Freude geworden. Ich rathe dir nun, wenn du es nicht schon gethan hast, um deinen Urlaub anzuhalten, und mit einander bald abzureisen, denn, wenn die Feindseligkeiten ausbrächen, möchte es wohl für beides zu späte sein. Also keinen Augenblick gesäumt, (es sei denn, daß ZW. Gesundheit es nicht leide, die euch wohl das Schnelle Reisen nicht erlauben wird) damit nicht ein Strich durch unsere Rechnung gemacht werde. Ich hoffe daß der Sommer den wir miteinander HOELDERLIN, Ihr beide u. Ich zubringen werden, *époque* in unserm Leben machen soll. Vielleicht, doch ich verrathe euch das nur als eine ungewisse Hoffnung, vielleicht kann auch HORN ihn in unserer Nähe zubringen. Unterdessen kann ich dir, lieber MUHRBECK, um dir nichts von meinen Empfindungen über deine Anwesenheit zu sagen, nur das sagen, daß mein Geist auch in seinen isolirtesten Richtungen den Monopel deiner Genossenschaft fühlt. Die *métaphysique* hat mich nur in wenigen Träumen besucht; auch ist wieder meine Zerstreuung gröser gewesen, als jemahls. Bei SCHENCK sind wir einigemahl gewesen: er nimmt an ZW. Beßerung den größten Antheil. HOELDERLINS Brief hat ihm viele Freude gemacht und wir sind darüber gleicher Meinung geworden.
Ich habe euch so schnell geschrieben, weil man immer mehr von der

Wiedereröffnung des Kriegs spricht und ich euch davon avertiren wollte. In jedem Fall riethe ich euch die nördlichste *route* über Nürnberg zu nehmen. Wahrscheinlich werde ich in 14 Tägen auch wieder zu Hause sein. Ich glaube daher auch daß es beßer sein wird, das an MUHRB. gerichtete *portefeuille* mit nach Homburg zu nehmen. Wir haben nur soviel, da wir es einmahl aufgemacht hatten, gesehen, daß es Frauenzimmer Geschmack ist, und daß noch viele Briefe, auch mit männlichen Schriften darinn sind. Unsere Interpretation hat sich eben blos mit den äußerlichen Zeichen der Urkunde beschäftigt. — Deine Briefe die du aus der Schweitz mitbrachtest, werden besorgt.

Da mich die Aussicht unserer Vereinigung jezt sehr beschäftigt, wird mir der hiesige Aufenthalt immer weniger angenehm, und es ist nichts als HORN, das mein Herz hier fesselt. Wir haben heute Abend aus deinem Büchervorrath den *Oedipus auf Colone* gelesen: in den anderen Griechischen Stücken, fehlt es den Characteren immer an der Selbstständigkeit, die das Gleichgewicht mit dem Einfluß des gegenwärtigen Schicksals hält und aus ihrem Conflict die Mannigfaltigkeit hervorbringt die allein auch bei der übrigen grösten Einfachheit des Stoffs würdig ist den Dichter zu begeistern, und den Menschen gesungen zu werden. In *Oedipus* aber sind die Charactere schon vollendet vorher, und geben der Gegenwart soviel als sie von ihr nehmen. Demohngeachtet aber ist diese Schönheit nur eine Lampe gegen SHAKESPEARS Sonne, und es kömmt mir immer vor [wie] wenn jedes Theilchen von diesem eine vollständige Griechische Organisation in sich trüge. Da du Zw. u. du MUHRB. beide SHAKESP. nur wenig kennt, haben wir noch viel Freude miteinander über ihn zu gewarten. 2 Theile sind erst von der neuen Übersezzung heraus, COTTA hat sie geschikt: sie enthalten aber nur Lustspiele. Den PLUTARCH hat mir auch DECKER gegeben, es sind aber nur 2 Theile der Biographien darunter, *Numa, Solon, Lycurg, Publicola, Theseus — Romulus. —* Die andern sich noch nicht erschienen. — Lebt wohl, hüte deine Gesundheit, u. jeder hüte des andern seine; besonders muß Zw. sich vor aller starken Bewegung in Acht nehmen.

[*L. Strauss-Archiv*, Mappe 68; Erstdruck mit nur geringfügigen Auslassungen bei *L. Strauss: J. Zwilling.* 372 f. Vgl. a. StA 7, 2; 130 f.]

Nr. 3

SINCLAIR an ZWILLING. Homburg, 21. X. 1800

Homburg d. 21ten Oct 1800

Deinen Brief, liebster ZWILLING, vom 24ten 7bar habe ich erst gestern erhalten. In beiliegenden Notizen, die ich, um den Raum zu sparen, auf

gebrochenen 24 Bogen geschrieben, wirst du die nöthige Auskunft über
deine Angelegenheiten finden: des portos wegen habe ich dir das Inventa-
rium nicht schicken wollen. Da du unterm 11ten August noch an deinen
Herrn Vater geschrieben hattest, daß du die Anweisung von 77 fl. nun auf
Wien zu haben wünschtest, schrieb ich deshalb an den *Banquier* KARNEYSSEN zu
Fcfrt, der zwar Anfangs Schwierigkeiten machte, eine zweite Anweisung
auszustellen, es aber doch nachher that, nachdem er zuvor an den K. LÜGER zu
Feldkirch geschrieben, daß im Fall die erste Assignation ihm noch vorgelegt
werden sollte, er sie nicht zu bezahlen hätte. Du würdest deshalb, wenn es dir
auch gelänge, einen sicheren Casel nach Feldkirch zu finden, dort das Geld
nicht erhalten können, sondern du mußt dich in Gemäsheit der neuen An-
weisungen, welche ich dir beifüge, dich nach Wien wenden, welches freilich
einen längeren Aufenthalt macht.

Wegen des jezzigen Aufenthalts deiner Madame Schwester kannst du
ganz ruhig sein: sie könnte sich nicht besser befinden, als wo sie ist, weil sie
bei einer sehr braven und geschäzzten Familie ist, wo sie mit vier jungen
Frauenzimmern zwischen 12 und 17 Jahren alt zusammen ist, welche schon
vorher ihre Gespielinnen waren, und die unter der Aufsicht einer *gouvernante*,
die eine gescheute Person ist, stehen. Wie anständig sie behandelt wird,
kannst du daraus schließen, daß da sie den Töchtern des Herrn SCHULTZ in der
Haushaltung ein wenig helfen und auch an ihrer Arbeit ihnen ein wenig
helfen wollten, er dies nicht zugegeben und ein für allmahl sich dem wider-
sezzt hat. Er ist einer der gutmüthigsten Menschen, die ich kenne. Ich werde
um ihretwillen das Haus zuweilen besuchen, welches ich vorher, ohngeach-
tet sie mich oft eingeladen haben, nur selten gethan habe, und ich würde es
gewiß bemerken, wenn etwas misfälliges sich ereignete. Überdies haben wir
es mit deiner Schwester ausgemacht, daß sie alle Montag den Abend bei
meiner Mutter zum Besuch kömmt zum Theil auch um deswillen, damit sie
bekannter mit einander werden, und meine Mutter ihr Vertrauen gewinne,
welches bei dem Abstand der Jahre und der Kälte, welche beide haben, etwas
schwer hält. Du weißt, wie unschicklich und vergeblich alle Übereilungen,
wodurch man ein solches Unternehmen auf eine beschleunigte Art zu Stande
kriegen wollte, sein würden, und ich enthalte mich dessen daher gänzlich,
und glaube Dich und mich dadurch ruhig zu stellen, daß meine Mutter eine
Frau ist, auf die man sich verlassen kann wie auf wenige Männer, und daß ich
hoffe, daß deine Schwester immer mehr und mehr einsehen wird, daß diese
Eigenschaft den vernünftigsten Beweggrund zum *attachement* abgeben und
daß alle andern Anne[he]rungen zwischen Menschen ohne diese Grundlage
nur ein langweiliges Gaukelspiel sind. So sehr ich nun überzeugt bin, daß die
jezzige Lage deiner Schwester bei ihrer öconomischen Nuzzbarkeit auch die
beste und angenehmste für sie ist, so habe ich mit Beistimmung meiner
Mutter ihr dennoch, um dich ganz zu befriedigen, es dennoch frei gestellt jezt

schon in unser Haus zu kommen, welches sie aber nicht angenommen, sondern den Wunsch geäußert hat, solange als möglich im SCHULTZ-Haus zu bleiben. Ich habe ihr nur die Frage vorlegen können, als sie mir den Brief gab, und sie hat mir daher aufgetragen, es dir einstweilen, bis sie dir es schreiben wird, zu sagen: wie ich ihr deinen Brief brachte, war sie in Gesellschaft. Daher hat sie auch dein Verlangen wegen den lezten Augenblicken deines Herrn Vaters nicht erfüllen können. Meine Mutter hat dein Brief sehr erfreut, du erhältst hier ihre Antwort, ich habe nicht Zeit weiter zu schreiben. Schreib mir bald, ob du nicht zu uns kommen kannst, ob du avanciert bist und ob der Herr Erbprinz nichts für dich thut. Leb indessen wohl

Dein SINCLAIR

[Beilagen mit Abrechnungen aus dem väterlichen Nachlaß, wonach ZW's Vermögens-anteil schon aufgebraucht ist. Am 24. V. 1796 schreibt der Vater CHRISTIAN ZWILLING von seiner „seel. Frau". JACOB ist 29. IX. 94 nach Jena zur Univ. gegangen, war Septbr. 95 vorübergehend zuhause. Ankunft von Jena dann 2. IV. 96 („Boten von *Friedberg* gegeben 2f"). Reist schon am 18. V. nach Opole. Am 25. XI. 96 wird ihm Geld nach Basel geschickt. 13. III. 97 („zu Bezahlung eines Degens u. 2er Pferde 270 fl" darunter „demselben bei seiner Abreise gegeben 100 fl") vorübergehend zuhause darnach. („ihm ferner 1799 noch zu einem hechtgrauen Rock geschickt 20 fl" darunter „Hn *Doctor Muhrbeck für ihn gegeben* 22 fl") („d. 14. Julii 1800 meinem Sohn *durch Hn von Sinclair* nach Feldkirch eine Anrechnung geschickt 77 fl")]
Beilage ferner Brief der Frau v. PRÖCK, noch bei aller Freundlichkeit viel formeller als die spätern, über Schwester Zw. — Datum wie oben. Unterschrift: „Ew. Wohlge-bohrnen (!) gehorsame Dienerin verwittwete VON PRÖCK geb. VON ENDE")

[*L. Strauss-Archiv*, Mappe 68; Auszug bei *L. Strauss: J. Zwilling*. 377. Masch.Abschr. des Briefes im *Nachlaß W. Kirchner*, II 3 c 13,2. Auf vier handschriftlichen Seiten außerdem von KIRCHNER aufgelistet die „Vermögensabrechnung nach dem Tode des alten ZWILLING für JACOB ZWILLING von SINCLAIR aufgeschrieben": *Nachlaß W. Kirchner*, II 2 y, Bl. 14 v—16 r.]

Nr. 4

SINCLAIR an ZWILLING. Homburg, 19. VII. 1803

Homburg d. 19ten Jul. 1803

Ich hatte dir liebster ZWILLING zu Anfang Februarii d. 2 geschrieben, u. dir einen Wechsel über 100 fl. überschickt. Da dieser Brief aber nicht angelangt sein muß, so erhältst du anbei den *Secunda* des gleichen Wechsels und ich laße mir einen Schein über den Brief geben. Deinen Wunsch das Geld in Banco Zetteln zu haben, wußte ich damahls noch nicht, mithin kann es auch izt nicht geschehen, da der *Secunda* auf den *Prima* lauten muß. Vor 6 Wochen schrieb ich dir auch u. ließ mir einen Schein über den Brief geben: worinn ich dir meldete, daß der Hr. ErbPrintz deinetwegen mit dem F. ZM. u. General-Commandanten der Werbung im Reich, Fürsten REUSS zu Offenbach gespro-chen, u. die Zusage erhalten habe, daß er dich nächstens auf Werbung zu Francfurt aufstellen wolle; ferner, daß der Hr. ErbPrintz dir befehle, dich dieserhalb an den Fürsten REUSS directe zu wenden, u. dich auf seine für dich gethane Fürsprache zu berufen: auch daß dir der Hr. ErbPrintz verspreche dich als Rittmeister anzustellen, wenn er ein Regiment erhalte, u. die 2te Stelle vacant werde, indem die erste seinem Adjutanten bestimmt sei. Ich wiederhohle dir alles dieses, damit, wenn auch der lezte Brief, den ich freilich auch nach Jizzor [?], wo du izt nicht mehr bist, addressirte, nicht angekom-men sein sollte, du doch wissest, daß du zu ihm hinberufen. Ich bat dich zugleich den Brief an den Fürsten REUSS an mich einzuschließen.

Der Hr. ErbPrintz ist seit 3 Wochen abgereist, u. wird izt wieder in Caschau [?] in Ungarn sein. Printz PHILIPP bleibt den Sommer u. den Herbst hier. Du preisest meine Lage glücklich, und ich gebe dir in allen Stücken, worinn du solches meinest, Recht, allein sie ist mit viel Beschwerden für mich verbunden, und ich lebe unter vielem Verdruß. Das einzige was mich wahr-haft glücklich macht, ist das Glück meine Mutter zu besizzen, und der Werth wird mir mit jeder Stunde schäzzbarer, weil ich fürchten muß, sie nicht mehr lange zu besizzen. Ihr Alter u. ihre Kränklichkeit haben sehr zu genommen, und sie ist des größten Theils der Familien Freuden beraubt in denen sie sonst lebte. Meine Tante und mein Oncle BERCHTOLSHEIM sind gestorben, meine Tante CREUTZ auch, RIEBEN u. seine Frau sind auf ihre Güter nach Mecklen-burg gezogen, und von allen unseren Verwandten bleibt uns niemand als mein Oncle und meine Tante PACHE. Wir leben sehr einsam, u. ich habe gar keinen Umgang, wozu mir auch meine vielen Beschäftigungen kaum die Zeit laßen würden. Ich gehe schon seit einem Jahr nicht mehr an Hof, und du würdest, wenn du hierher kämst, alles sehr verändert finden, indem eine ganz andere Generation [?] hier ist, und beinah keine mehr von denen hier sind, die vor 10 Jahren hier waren, und man kann in keiner Weise sagen, daß man bei dem Tausch gewonnen. Nur die Gegend u. das Volk sind noch dieselben, und insoferne ist das Vaterland noch eben so schön, als es war. Ich rede dir von diesem allen, weil ich hoffe, daß du es bald wieder sehen wirst.

Ich freue mich unendlich aufs Wiederzusammensein mit Dir. Der Mensch versteht sich selten selbst, u. liebt sich selten wahrhaft selbst, aber wenn er sein Ebenbild außer sich findet, wird ihm diß Schazz der Erkenntnis und diß Quelle des Glücks.

Ich hoffe nicht, daß diese Hoffnung scheitern sollte, weil es der ErbPrintz sicher versprochen erhalten. Auch werde ich den LandGrafen bitten, wenn

er aus dem Bad zurückkömmt, den Fürsten Reuss daran zu erinnern. Er liebt
dich sehr, und allgemein bist du hier geschäzzt.
... (*Bittet um bestimmte Daueradresse für Briefe*) ...

Deine Schwester befindet sich soviel ich weiß wohl, ich habe sie seit
anderthalb Jahren nicht zu sehen bekommen, u. es scheint als käme sie mit
ihrem Mann zu Recht, wiewohl dieser auf eine ganz übertriebne Art *jaloux*
sein soll. Indeß macht dies immer einen Beweis, daß er sie liebt, u. ein
Schicksal ohne Widerwärtigkeit haben ihre Herzens u. Verstandes Anlagen
nicht in Anspruch nehmen können. Ich glaube, daß du ihretwegen ganz ruhig
sein kannst.

Melde mir sogleich den Empfang dieses Briefes; meine Mutter die sich sehr
darauf freut dich hier zu wissen, läßt sich dir empfehlen. Leb wohl Bester.

An Herrn OberLIEUTNANT ZWILLING beim K. K. DRAGONER RGT SAVOYEN
zu Alzen
in
Siebenbürgen

[*L. Strauss-Archiv*, Mappe 68; Auszug bei *L. Strauss: J. Zwilling*. 377 f. Maschr.Abschr.
im *Hölderlin-Archiv, Nachlaß W. Kirchner*, II 3 c 13,3.]

Nr. 5

Frau v. PRÖCK an ZWILLING. [Homburg] 12. IX. 1806

Durch mein anhaltendes Stillschweigen habe ich Ihnen ein Recht verwilligt
ein nachtheiliges Urtheil zu fällen ud. so muß ich Ihnen in den Wahn laßen,
bis Sie die folge lesen werden, die nicht als Entschuldigung sondern als gute
Gründe angenommen werden können. 1.stens, Erhielt ich Ihren Brief in
Berlin von dort aus konte ich nicht antworten, da mir Ihre Adresse fehlte, ein
6. monatlicher Aufenthalt in Berlin, wo es uns gut gieng, besonders meinen
Sohn der sich ihnen freundschaftl. empfiehlt ud der so wohl von dem König,
als sein ganzes Hß. mit vieler Ehre ud distinction ist behandelt worden, als
auch von vielen bemerckbaren Männern die Bekandschafft gemacht, ud
Freundschafft Erzeigt haben, machte unser dortseyn sehr angenehm, ud
wird Berlin uns *immer* schätzbar bleiben, 2tens unsere Wiederkunfft in Anfang beraubte alle zeit, besonders mir als Hßfrau, ud überdies eine Be-
schwerde abzuwarten, die mich betraf, da ich unterwegs das Unglück hatte

zu fallen, welches mich bey 3 Wochen sitzend hielt, wobey ich wohl hätte schreiben könen, wenn ich die Stimmung hatte gehabt, die Ankunfft unsere Prinzen veranlaßen mich, mein Schreiben bis zu Ihre Abreiße aufzuschieben, da Sie geliebter Freund mit mehrer Sicherheit den Brief erhalten. Daraus ersehen sie selbst, ob ich straffällig bin; jezt, hintert mich nichts,ich eile um Ihnen zu gratulieren, Ihr Glücksstern hat Ihn schön geleucht, vor 18 Monaten waren es noch Wünsche, wie bald sind sie in Erfüllung gegangen, wenn alle 1 1/2 Jahr solche Fortschritte geschehen, so hoffe ich Ihnen noch als Exzellenz begrüßen zu könen, ud ist das Ihr Wunsch, so realisiren Sie ihn auch, vergeßen hoffentl. die Homburger nicht ud Erfüllen auch unsere Wünsche Ihnen mündl. den Antheil zu beweisen, den wir an Ihrem Glück und WohlErgehn mit der bewußten Freundschaft nehmen, Eine Vereinigung in glückl. Ereignißen, die Seele erhebt sich über die Schwarzen Wetter Wolken, das Haupt frolockend emporhebt, ud das vergangene nicht mehr denkbar wird, so hoffe ich noch frohe Stunden mit Ihnen zu verleben, von 1805. noch zu erzählen, was ich benebst der Politick anjetzo mit Stille Schweigen übergehe; unsere Herrschafften haben das seltne Glück der Großen gehabt, die sämtl. Kinder bey sich zu sehen, ausgenommen Pr. PHILLIP, ein Enkelgen macht die Zahl der 11. [?] ver voll, welches der Pr. WILHELM VON PREUSSEN Ihr Kind war, jezt sind sie zum Theil wieder abgereißt, jeder sein Wohn und Stand Ort wiederum eingenommen, von vielen können Sie mündl. Nachrichten erhalten, geben Sie mir auf balde welche von Ihnen, der Geheime Rath VON ROQUE empfängt heuer ein Einfluß für mich ein, die Belohnung seiner treuen Dienste konte dr Herr Landgraff nicht eclatanter zeichen, als durch eine solche Erhöhung, die Sie etwan noch nicht erfahren hatten. Ihre hiesigen Bekandten sind alle wohl, Madam GUIGET die Ihren Mann als Einquartirung hatte, ist zum 2tenmahl zur Mutter ernannt, unsere Lebens Art ist immer die nehml. eingezogen, ud beynahe durchgängig, die Geselligkeit nimmt mehr ud mehr ab, die Traulligkeit die das Leben der Gesellschafft ist, kan nicht mehr sein, weil alles aufgelößt ist, ud. ein jeder für sich allein stehen muß, Kürzl. ist der Proffesser SCHLEGEL bey uns gewessen, welcher ein blühendes Aussehen hat, ohnerachtet Er mit vielen Fleis unabläßig arbeitet, des HÖLDERLINS Zustand ist immer derselbe doch reinlicher ist er, ud. der Hüte Tausch würde keinen bösen Eindruck machen, meine Verwandten empfehlen sich Ihnen, Ihr Freund SINCLAIR wünscht mit seiner Mutter Ihnen balde zu sehen, als Herr RittMeister mit offnen Armen zu empfangen, so müßen Sie balde kommen, Ihre mit aufrichtiger Freundschafft ud Hochachtung gehorsame Dienerin

v. PRÖCK

Aus der Weite [?] dieses beyliegende muß der Krahm genommen werden, nehmen Sie lieber Freund an, als eine Arbeit von einer 64jährigen Freundinn die Ihn aufrichtig bleibt d. 12. 7br. 1806

[*L. Strauss-Archiv*, Mappe 68. Teilabdruck in *L. Strauss: Zwei Briefe aus Hölderlins Homburger Kreis.* — In: Germanisch-Romanische Monatsschrift 15 (1927). 148—152, hier 149. Vgl. a. StA 7,2; 353]

Nr. 6

Frau v. PRÖCK an ZWILLING. [Homburg] 17. III. 1807

Seit 1805. im Herbst, habe ich nicht von Ihnen Lieber Freund directe erfahren, das indirecte war nicht Ersatz des Schriftl. zur Leuchtung Ihres Glücks Stern habe ich meine freundschafftliche Theilnahme eingesandt, dieses wünsche ich Persöhnlich äußern zu könen, ud. ich bezweifle nicht, daß es auch Ihr Verlangen ist, den Zweck seinen Freund den man 05. sehen wolte ud. nicht konte, läßt sich 07. erreichen, Kommen Sie lieber Freund in Ihren Dollman ud. Mantel zu uns, ud. begrüßen Sie Ihren Freund mit dieser theilnehmende Freude, über den gerechten Ausspruch seiner nie zu bezweiflenden Unschuld, die mit der grösten *Satisfaction* den Publicum ist dargestellt worden, Meine Empfindung können Sie sich dencken, ud den Gegensatz von denen, worinnen Sie mich gesehen haben, vorstellen, dieser Triumpf ist dem zu vergleichen, den Mars mit Lorbeeren ertheilt, die Wirkung auf mein Gemüth ist eine stille Lobpreißung der weißen Führung des Höchsten, ein Verlangen diese glücklichen Stunden mit meinen Freunden zu theilen, mit denen besonders die da wusten so edel meine Trauer zu besäntigen wovon die RückErinnerung Seegens Wünsche begleiten, Noch ist Ihr Freund abwesend, ich war eine Zeit lang mit Ihn, eintrettende Umstände meinerseits, nöthigten mich, in meiner Heymath zurückzukehren, wo meine Einsamkeit mir sehr zustatten komt, der Rittmeister der Husaren könte und dürfte sie stören, so viel Erlaubt meine Philosophie, ud ich glaube wenn diese Störung stattfände, man sich schmeicheln könte in Verlauf 2 Jahren, wiederum höher gestiegen zu seyn, denn die Wahrheit das gute Handlung ihre Belohnung tragen, hat sich schon bey Ihnen bestättiget, als guter Genius waren Sie mir zur Seite, mit wie vielen warmen Dank ud verlangen Ihnen glückl. zu sehen, sahe ich ud hörte ich Ihnen, diß war ein Rauch vaß zu vergleichen den Himmel angenehm, wie es der Erfolgt lehrte, denn wie viele zählen 30. Jahr Dienste, ud bleiben wie eingewurzelt auf der nehml. Stelle; Seye dieses eine Ermunterung mehr uns zu besuchen, keine Langweile würde stattfinden, wir haben im Cassino in SCHMALLS Hß. von einer guten Gesellschafft, die von 5. Uhr bis 8. tägl. sich versammlet, Frauens haben den Zutritt Mittwoch ud. Sontag, das gröste Zimmer ist Ihn geweiht, Beobbachter treten auch ein, nachdem Sie das Pfeiffel geschmaucht haben, aus dem ist zu schließen, daß man hier modern lebt, es bleibt aber unwiderrufl. war, daß was das Aug sieht glaubt das Herz, ein 2ter Grund um mit den Augen zu sehen, um zu glauben, auch das zu [glauben?], daß MOSENGEIL ein Hübsches artiges und dereinst vermögendes 26jähriges Mädjen in Höthensleben capturirt hat, wie Einfach und gut, vor den alten Knaben, ist es ein nachahmenswerth, erfahre ich Ihre Ankunfft lieber Freund, so sehe ich ob Sie geritten oder in einer Batarde [?] kommen ist das Letztere, so dencke ich mir eine Reiche Böhmische Baronessin an Ihrer Rechte zu sehen, ud das wäre Recht, auf diese Bekanntschafft freue ich mich zum voraus, laßen sie uns Scherzen, Honi soit qui mal y pense, ein Vorrecht hat das Alter noch munter zu seyn, ehe der Tag sich völlig neigt, eine große Correspondenz ist eine Bilder Gallerie zu vergleichen, wo Schlachten, Philosophen, auch Landschaften zu sehen sind, letzteres öffters unbemerkbar, ob sie gleich dr Natur, ud der Wahrheit am nächsten sind, nehmen Sie diese Zeilen lieber Freund auf solche Art an, die die wahre Freundschafft mit den Stempel der Aufrichtigkeit bestättiget

beharrend Ihre Fr. v. PRÖCK

geben Sie mir balde Nachricht von Ihnen d. 17. Mertz 1807

Den 17. Merz glaubte ich diesen Brief Ihnen als Einschluß von Herrn VON ROQUE senden zu können, der mir aber noch nichts hat sagen laßen, ud da ich Ihre Adreß nicht weiß, so bleibt mir dieser Brief noch in Händen und ich kann diesen kleinen Zusatz noch hinzufügen, die die Wiederhohlung meines Ersuchens in sich faßt, es doch mögl. zu machen, welches bey Ihren jetzigen Einkünften seyn kan, uns zu besuchen, da zu erwarten ist, daß die Friedens Sonne uns scheinen wird, so wollen wir uns mit gegenseitiger Freundschafft an Ihren Strahlen erwärmen ud das vergangene als überstiegene Felßen betrachten, wovon die RückErinnerung manchen Stoff zur unterhaltung geben wird, Auf meiner Mühle wohnt jetzo SCHMIDT von Friedberg, sein Vater, der Ihn seine Hülffe entzieht, macht daß der arme Mensch nicht weis wo aus ud ein, er hat sich zu seinem Vortheil geändert, vieles werden Sie von hier durch Überbringer dieses erfahren, mein Sohn ist noch abwesend, sein Eyd der Treue, kan Er nicht brechen, um einen neuen Eyd abzulegen, der wieder das Hertz spricht, KREUTZ hat sich brav in Magdeburg gehalten ud unter anderen Umständen hätte Er den Verdienstorden erhalten Er ist auf sein Ehrenwort zu seiner Schwester, CARL VON SIEGEL, den Sie sich auch wohl erinnern werden, ist in Lübeck bey der Vertheidigung einer Straße geblieben, seine Mutter ist untröstl.

Unsere Stadt ist durch Vorstellung ud. Anleitung des Erbprinz MAX verschönert worden, *(folgen Details)*

meine Jahre vergönnen mir daß Recht, Ihnen zu embrassiren ohne Anstoß im Geist bey Erinnerung der *Epoque* vom 26. Febr. 05. geschieht es aus Danckbarkeit welche mich stets beleben wird, von meinem Sohn viel freund-

schaftl. Versicherung, meine Verwandten Empfehlen sich, Ihrem Andenken
vertraue

Ihre Fr. PRŐCK d. 19. May 07.

Durch Güte
Hr. des Herrn Rittmeister von ZWILLING Hoch Wohlgebohrn

[*L. Strauss-Archiv*, Mappe 68. Teilabdruck in *L. Strauss: Zwei Briefe aus Hölderlins Homburger Kreis*. In: GRM 15 (1927). 148—152, hier 149]

D *An Zwilling*
  Briefe von Verschiedenen

Nr. 1

Erbprinz an JAC. ZWILLING, Zürich 28. VII. 99 [Regest]

„Mein lieber ZWILLING ..."
solle am 30. nachm. in Richterswill sein, wo er, PHILIPP und ANTOLICH eintreffen. Solle bei STEIN um ein Pferd für PHILIPP ersuchen und es mitbringen. Für
31. solle er in Schwitz auf SCHRÜBERS Kosten Mittagessen für 9 Personen
bestellen.
„... Bis dahin leben Sie recht wohl
                                    F J"

[*Ludwig Strauss-Archiv*, Mappe 68]

Nr. 2

Erbprinz an ZWILLING [Regest]

                              Tittmoning a. d. Salza 30. VIII. 1800

„Vorgestern erhielt ich mein lieber ZWILLING den Einschluß welcher hier folgt,
leider ist derselbe eines sehr traurigen Inhalts." (Wohl SINCLAIRS Brief mit
Todesnachricht.) Empfang des ersten SINCLAIR-Briefes habe ZW. noch nicht
bestätigt.
  „Seit dem letzten Brief den ich Ihnen schrieb ist General AUFFENBERG hier
durch gereiset, ich benutzte diese Gelegenheit um Sie schon recht angelegentlich zu empfehlen zumahlen wie ich höre Fürst REUSS auf Urlaub gegangen ist. Schreiben Sie mir doch ob Sie mit dem General gesprochen haben.
  In meinem letzten Schreiben bestätigte ich Ihnen auch den Empfang Ihrer
Briefe samt den planen der position von Feldkirch ich zeigte Sie auch General
AUFFENBERG dem sie sowohl wie mir geschrieben. Ich bin ihnen sehr dafür
verbunden und hauptsächlich hat mich Ihr Fleiß und die Art Ihrer Beschäftigung gefreuet dieses muß gewiß Früchte tragen, fahren Sie nur so fort sich
auf den Dienst und Kriegskunst zu legen so kann es Ihnen nicht fehlen. Und
was ich dabey thun kann werde ich gewiß nicht unterlassen ... adieu leben
Sie recht wohl ...
                    F. J.
Mein Bruder GUSTAV läßt sich Ihnen empfehlen sowie ANTOLICH"

[Ludwig Strauss-Archiv, Mappe 68]

Nr. 2a

SINCLAIR an Erbprinz, Homburg 1. VIII. 1800 [Regest]

Oberhofprediger gestern vom Schlag gerührt, werde heut wohl sterben.
Bittet einliegenden Brief an ZWILLING gelangen zu lassen, dessen Adresse er
nicht wisse. „Traurige Freundschaftspflicht nöthigt mich E. D. ... beschwer-
lich zu fallen." — Vater habe für den Sohn alle Hoffnung in die Teilnahme des
Erbprinzen gesetzt. „nur die Gewalt der Krankheit" habe ihn an einer Emp-
fehlung des Sohns an F. J. als Offenbarung „letzten sehnlichsten Wunsch[es]"
gehindert.

[Ludwig Strauss-Archiv, Mappe 68]

Nr. 3

Erbprinz an ZWILLING [Regest]

[?] d. 5. XI. 1800

„Ihre Briefe m. L. Z. habe ich alle richtig erhalten, und Sie können versichert
seyn, daß ich nichts unterlaßen werde mir so viel wie möglich Ihre Wünsche
in Erfüllung zu bringen."

Sei Feldmarschallleutnt. geworden, komme näher zum Hauptquartier,
werde dann „viel ehender" für Z. sprechen können.

Schicke Quittung von KULLMANN zurück, er habe die Schuld abbezahlt. Z.
möge dies Geschenck als Beweis ansehn wie sehr er wünsche, daß es Z. recht
gut gehe. Z. soll über Ausfall des avancements im Regt. schreiben, Rangliste
schicken. „Leben Sie recht wohl
F J"

Komplimente GUSTAVS. Entschuldigung wegen schlechten Papiers. „An Lt.
ZWILLING Modena Dragoner"

[Ludwig Strauss-Archiv, Mappe 68]

Nr. 6

ROQUES [?] an Oblt. ZWILLING Savoyen-Drag. Wien, Homburg 7. VIII. 1805
[Antwort auf Brief vom 18. Juli]   [Regest]

Freude über Nachricht glücklicher Ankunft in Wien. Bedauerlich nur, daß
Abreise überhaupt nötig war. „Sobald Werbungsdirector F Z M Fürst REUSS
aus seinem Land zurück seyn wird", wird von neuem an dem bewußten
Annäherungsplan gearbeitet werden.
  Brief an Frau v. PRÖCK sei sofort zugestellt worden. „Obschon Sie, klug,
politisch oder mißtrauisch, mir keine Nachrichten *von ihm* [SINCLAIR] und *über
ihn* absanden so weiß ich doch noch ganz wohl, daß Sie mich mündlich
dringend ersuchten solche bald möglichst zu ertheilen." Vielleicht habe S.
selber Z. schon berichtet? Berichtet dann über Vorgänge vor und nach SINCL.s
Rückkehr (10. Juni [Schreibfehler für: Juli]) und schließt sehr herzlich.

[*Ludwig Strauss-Archiv*, Mappe 68]

Ohne Nummer

Prinz PHILIPP an ZWILLING. Lemberg, 30. XII. 1801

„SINCLAIR, welcher mir ebenfalls (zum erstenmal seit 8 Jahren) schreibt, gibt
von allen unseren alten Bekannten schlechte Nachrichten."

[Dieser Brief findet sich nicht in Strauss' Verzeichnis; zitiert wird er bei *Werner
Kirchner: Prinzessin Amalie von Anhalt-Dessau und Hölderlin.* In: Hölderlin-Jahrbuch 11
(1958—60). 69, Fn. 19.]

E *Briefe von Zwillings Vater und Schwester*

Nr. 2

Vater ZWILLING an seinen Sohn, Hombg. 6. XI. [96 oder 98] [Regest]

Müsse kurz schreiben, SINCLAIR werde „weitläuffiger seyn". — Klagt über Schulden. — Wieviel Unterleutnants habe der Sohn noch vor sich? „Ich sehne mich nach deinem avancement."
Lt. Z. Geisenfelden bei Ingolstadt In Bayern

[*Ludwig Strauss-Archiv*, Mappe 68]

Nr. 3

Vater ZWILLING an Sohn, Hbg. 29. VII. 99 [Regest]

„Lieber Sohn! Der Brief, den du unterm 7. dieses von Attmath [!] bey Einsiedeln an mich schriebst, ist uns um deswillen sehr angenehm gewesen, weil er uns an deinem Wohlbefinden bis dahin nicht zweifeln läßt, aber noch angenehmer wär es uns gewesen, wenn er noch andre, dich betreffende, erwünschte Nachrichten enthalten hätte. — ... Daß es uns auserordentlich freuen würde, dich wieder einmal bei uns zu sehen, kannst du dir leicht vorstellen." Sohn habe über Schweiz etwas enttäuscht geschrieben, sei aber auch im "rohesten" Theile. Der Käse sei noch nicht angekommen, mit dem er ihn und SUSANNA beschenken wolle. „Obst bekommen wir dieses Jahr wenig, der Haselnußbaum und der Aprikosenbaum, die im Höfchen standen, sind vorigen Winter erfroren. Auch unsere Traubenstöcke hatten dieses Schicksal, doch so, daß sie wieder ausschlagen." — „An meiner und deiner Schwester fortdauernden herzlichen Liebe und Zuneigung wirst du wohl nicht zweifeln. Sie ist fortwährend deine treue Schwester, und ich
dein treuer Vater ZWILLING"

[*Ludwig Strauss-Archiv*, Mappe 68]

Ohne Nummer

Vater ZWILLING an Sohn, Homburg 14. X. 99

Homburg d 14tn Okt. 99.

Lieber Sohn,

Seit dem ich dir nicht schrieb, war ich deinet wegen oft in Verlegenheit. Aber immer löste sie sich, Gott Lob! in Zufriedenheit und Freude über dein fort dauerndes Wohlbefinden auf. Ja, ich vernahm mehr Angenehmes und Er- freuliches von dir, als ich zu er warten wagte. Herr ROQUES kam (es war an einem Samstag morgens) und brachte mir von unsern beiden Prinzen, die ihren Herrn Vater zu Frankfurt besuchten, nebst vielen Komplimenten die *Nachricht, daß du dich so ausgezeichnet habest, daß du so gar den Theresienorden verlangen könnest.* Was ich dabei empfand, kanst du leicht denken. Jeder mann nahm Antheil daran, und sprach davon. Man überhäufte mich von allen Seiten mit Glückwünschungen. Die Freude deiner Schwester darüber ist auser ordentlich. Sie trägt mir auf, sie dir zu empfehlen, und dich zu versi- chern, daß es sie mehr freue, daß du deine Laufbahn so viel Ehre gemacht habest, als sie auszudrükken vermöge, und daß sie nichts mehr wünsche, als daß du eben so rühmlich auf derselben fortfahrest, wie auch, daß du den bevorstehenden Winter auf Urlaub herkommest. Allein so gewiß du, wie ich mir schmeichle, den ersten Theil ihres Wunsches erfüllen wirst, so sehr zweifle ich, daß du den Andern werdest realisiren können. Indessen hoffe ich, daß du mir, so bald du Muße hast, den Vorfall, der dir so viel Ehre macht, umständlich melden werdest. Unsre Verhältnisse sind von der Art, daß die Gefahr, dir den Ruf der Unbescheidenheit zu zu ziehen, hinwegfällt. In Frankfurt habe ich neulich vom Regiment *Stain* viele Offiziere, unter andern den Hauptmann STEIN von Worms gebürtig den du kennst, auch den Major VON SEBOTTENDORF gesprochen die, wann Sie auch wieder zu ihrem Regiment kommen, sich über deinen Vater und deine Schwester weitläuftiger mit dir unterhalten werden. — Der Käse, den du mir schikktest, und für den ich dir danke, ist glükklich angekommen. Ich finde ihn ganz nach meinem Ge- schmack. Die Engländer, welche sich dir empfehlen, lassen sich wohl bei demselben seyn. Die Frau geheime Räthin, die sich deiner nebst ihrer Jungfer Tochter mit vielem Vergnügen erinnert, und Herr VON SINCLAIR, haben die Probe davon bekommen. — Durch Herrn Baron VON WACHENBURG, Obristen beim Regiment BENDER, der das Auswechslungsgeschäfte zu Hanau besorgt, habe ich dir 5 *Karolin*, 55 f rheinisch, übermachen lassen, die du durch den Obrist Lieutenant, und interims Komandanten des gedachten Regiments, den Herrn Baron VON ALTSTÄTTEN ausgezahlt erhalten hast, oder noch erhalten wirst. Wir befinden uns, dem Himmel sey Dank! recht wohl. Sey nicht zu sparsam, noch zu laconisch im Schreiben! Die gütige Vorsehung begleite und segne dich auf allen deinen Wegen! Lebe wohl und sey ferner brav! Ich beharre dein treuer Vater

ZWILLING

[Auf dem Briefcouvert:]
An Herrn Unter Lieutenant ZWILLING.

[Stadtarchiv Bad Homburg v.d. H., ohne Signatur. Dieser Brief stammt lt. Mitteilung von HILDE MIEDEL aus dem Nachlaß ENKE. Es besteht die Möglichkeit, daß dem Sammler ENKE der Brief von den Schwestern BALMER gegeben wurde, die den Nachlaß ZWILLINGS zusammen mit dem Nachlaß des Erbprinzen erworben hatten.]

F *Philosophische und dichterische Aufzeichnungen*

Nr. 4

Oktavheft mit Aufzeichnungen zur Philosophie

V. Aphorismus

Eine wilde aufbraussende verführende DenkungsArt setzt eine sanfte Har-
monie des Carachters eine sanfte humane Denkungsart voraus, und je zer-
störender das gemüth ist, desto mehr ist anzunehmen daß der Erhaltungs-
trieb tief in ihm liege und sein eigentlicher Character seie, der die zerstörung
nur darum liebt, weil das äussere ihm so sehr wiederspricht und er das sich
selbst zerstörende nur zur reife bringen will damit an seiner leeren Stelle die
Erhaltung aufgebauht werden könne.

[*Ludwig Strauss-Archiv*, Mappe 70]

VI.

Über das Alles.

Der Anfang ist der erste Moment, den die Reflexion der Unendlichkeit
abgewonnen und etwas Endliches, Correlates dargestellt hat. In dieser ersten
Trennung liegt das Alles als eine Idee der Imagination, als ein vollkommenes
Ganze dargestellt, welches in seiner folgenden Analyse bis zur Vollendung
wieder vorkommt, dessen Begriffes sich zu bemeistern wir den Weg betrach-
ten als einen progressiven Wechsel der Reflexionen, die alle nur verschiedene
Modifikationen der ersten Reflexion sind und deren Auflösung in der Unend-
lichkeit liegt, nach deren Vollendung wir sagen könnten, daß wir durch
Reflexion es unendlich unterscheiden und durch Imagination es unendlich
aneinander gereihet wäre, und so den Begriff des Alles in seiner größten
Vollkommenheit besitzen könnten. Die Idee vom Alles besitzen wir in jedem
Moment der Trennung aus der Vereinigung, so gewiß als jeder Moment eine
Abteilung oder Zeitraum ist, der jedesmalen, um mir als Zeit zu erscheinen,
mit der Unendlichkeit muß so bezogen werden, daß sie sich wechselseitig
aufheben und bedingen. Und darin besteht der Zusammenhang des Bewußtseins und die Einheit des Gedächtnisses, daß jede Reflexion eine negative Gemeinschaft mit der andern hat, insoferne sie alle auf eine gleiche Art
die Unendlichkeit aufheben. In der ersten Idee liegt durch die erste Reflexion,
als in einer Unterscheidung, das Etwas und das Nichts. Diese erste Auf-einander-Beziehung geschieht durch die Aufhebung alles Absoluten, worinnen

immer das Nichts und das Etwas, die Einheit und die Mannigfaltigkeit, einander aufheben, dessen fortdauernde Reproduktion die Unendlichkeit der Reflexion darstellt. Und so liegt in der immerwährenden Trennung aus der Vereinigung die Wiedervereingung aus der Trennung, da explicite immer die erste Idee wieder darinnen liegt und die Vereinigung als etwas Notwendiges, jedoch aber immer Correlates mit der Trennung, betrachtet werden muß, wo in der Verschiedenheit der Reflexionen, welche implicite gefunden wird, das Bewußtsein liegt, und im Zusammenhang der Vereinigung explicite die Identität des Gedächtnisses liegt; welches Glied der Wechselwirkung wir die Imagination nennen als ein Glied der notwendig bestehenden Reaktion mit der Reflexion, welche Bewußtsein und Gedächtnis giebt und ohne welches abgemessene Ebenmaß und Gegengewicht wir weder Bewußtsein noch Gedächtnis oder Zusammenhang der Gedankenreihen haben könnten.

Durch das höchste Prinzipium der Auf-einander-Beziehung, welches vorausgesetzt wird und durch die fernere Entwicklung und Auseinandersetzung sich erweisen wird, wird der Gegensatz zu verschiedenen Malen und in verschiedenen Modifikationen einander entgegengesetzt, um auf seinen Ursprung zu kommen. Man muß schlechterdings annehmen, nach dem Geiste des Prinzipiums selbst, daß nichts ohne Gegensatz gesetzt werden kann; es seie, daß es sich selbsten ganz aufhebe und als absolut solle gesetzt werden, so muß ich ihm das Correlate selbst entgegensetzen, wodurch ich es wiederum aufhebe als schlechthin absolut gesetzt, das heißt vollkommen in sich selbsten bestehend; da aber zum Bestehen selbsten eine Vereinigung soll gedacht werden, mithin auch eine Trennung, so ist solches eine Ohnmöglichkeit, außer daß es als eine die Reflexion überspringende Idee vorkomme oder, wie man es zu nennen pflegt, als eine Abstraktion. Da aber diese die Reflexion überspringende Idee der Reflexion selbsten vermöge des angenommenen Prinzips muß engegengesetzt werden, so gelangen wir auf eine negative Weise zur Idee des Absoluten. Dazu können wir vermöge des ersten Gegensatzes auf zweierlei Weise gelangen: erstens, wenn wir die Vereinigung der Trennung voraussetzen, wo sie uns als prädominierend erscheinet, und dieser Negation nur insoferne eine Unendlichkeit einräumen, als wir das Gegengewicht verloren haben, und sie überhaupt also keine Bestimmung mehr erleidet und insoferne wirklich der Form nach unendlich ist; sobald wir aber diesen Satz umkehren und der Wiedervereinigung eine Trennung voraussetzen, so heben wir durch diese gleichartige Negation, die allein in einer transzendenten Reflexion eben der Form nach etwas Absolutes giebt, indem wir wiederum eine absolute Trennung der absoluten Vereinigung entgegensetzen, dieselben als absolut auf und müssen sie wiederum als zwei Correlate betrachten. Daher dem Correlaten überhaupt etwas nicht Correlates muß entgegengesetzt werden, weil zugleich in einer Beziehung eine Nichtbeziehung begriffen ist. So muß das Bezogene dem Bezogenen als nicht bezogen entgegengesetzt werden, oder es muß schlechterdings die Beziehung des Satzes und Gegensatzes als absolut gesetzt werden. Solches würde sich selbsten widersprechen und sich mithin aufheben, wenn wir solches der Form nach tun wollten. Daher wir weder das Nichts dem Etwas, noch das Etwas dem Nichts entgegensetzen können, so daß eins das andere als absolut ausschließe, weil beide durch die Reflexion schon auf einander bezogen worden. Daher wir beide zusammen auch vereinigt haben, mithin die erste Entgegensetzung selbst absolut ist als das Alles, welches als die höchste Idee muß angenommen werden. Und da es selbsten nur durch eine notwendige Auf-einander-Beziehung des Etwas und des Nichts besteht, so giebt es schlechterdings der Form nach nichts Absolutes, außer daß wir absolut annehmen können, daß es nicht Absolutes gebe. Und da die Form die Materie wieder bedingt, so muß auch eine absolute Materie geleugnet werden, und man könnte nur sagen, daß es absolut nichts Absolutes giebt oder daß die Auf-einander-Beziehung selbsten absolut wäre; vermöge welchem Satz der Correlaten, nach seinem höchsten Inhalt und aufs Weiteste verfolgt, wir der Auf-einander-Beziehung wegen, um auch sie auf etwas zu beziehen, ihr was Nichtbezogenes müssen entgegensetzen. Da aber solches dem Gehalt nach nicht geschehen kann, so müssen wir ihr etwas der Form nach Gefordertes entgegensetzen, daher, wenn wir das Correlate selbst als etwas denken wollen, worinnen der Form nach die Unendlichkeit aufgehoben ist, so müssen wir ihr eine geforderte Materie, die die unendliche Einheit darstellt, entgegensetzen. Und durch dieses Entgegensetzen heben wir die Unendlichkeit wieder auf und setzen beide, Form und Materie, selbst als correlat, als einander entgegen seiend, und geben ihnen durch einander eine Aufhebung, so daß die Einheit der Materie der Zusammenhang und die Trennung eine Unterscheidung der Correlaten sind, so daß die Betrachtung der Beziehung auf ihrer höchsten Stufe Beziehung mit der Nichtbeziehung ist und daher die allgemeinste Beziehung oder Kategorie der Beziehung überhaupt, genau betrachtet, die Unendlichkeit selbsten ist, die wir durch die Negation und Postulaten vergebens als etwas Absolutes gesucht haben, so daß wir sie weder in das Etwas noch in das Nichts legen können, sondern in die Beziehung des Vorhandenen und Negativen überhaupt, in das Alles legen müssen, worinnen die Unendlichkeit der Form nach aufgehoben, der Materie nach aber vorhanden ist, und der Begriff des Alles also die allgemeinste Synthesis und Analysis ist, die höchste Wechselwirkung als die höchste Trennung und Vereinigung angesehen werden muß.

[Abdruck nach *L. Strauss: J. Zwilling*. 390—392.]

Nr. 5

VI. Aphorismus

Hyperion, der auf der Scheide zweier Welten steht, ist weiter als Woldemar. Doch verabscheut er mir das Alte schon zu sehr und liebt das Neue mir
zu wenig. Aber wenn ich Woldemar empfinde, so gehen sie noch einmal an
mir vorüber, die Manen meiner lauteren Fantasie; mir ist, als sei ich über den
Lethe und blicke noch einmal hinein in seinen Flutenspiegel und sähe sie
wieder, ihre zarten Kinder. Doch bleiben sie mir nicht, ergreifen kann ich sie
nicht mehr; sie eilen wie die Winde weg. Es wanket bald mein Bild, denn eine
Welle kömmt und eine zweite — in trübem Strudel liegts begraben. Ich raffe
mich auf und gehe weiter, sinnend dem Verlorenen nach.

[Erstdruck: *L. Strauss: J. Zwilling.* 393. — Handschriftliche Vorlage in: *L. Strauss-Archiv*, Mappe 68.]

VII. Aphorismus

In allen großen und edlen Seelen sind die Bemühungen gleich; sie unterscheiden sich nur darinnen, daß sie einem anderen Schicksal weichen.

[Erstdruck: *L. Strauss: J. Zwilling.* 393. — Handschriftliche Vorlage in: *L. Strauss-Archiv*, Mappe 68]

VIII. Aphorismus

Ich bin zu sehr überzeugt von des Zufalls Willkür, von des Schicksals
unveränderlichem Gang, als daß ich je mit Vergnügen an dem Traum vom
willkürlichen Gelüsten hängen könnte, als täuschte ich mich mit dem Glauben an einen isolierten Gang. Aber meine Seele selbst hängt mit den entferntesten Bewegungen meiner Fantasie an der Gegenwart, an der Wirklichkeit
und an der Reihe der Dinge. Sie ist im Zusammenhang mit den entferntesten
Wesen, weil sie im Gleichgewicht der Übereinstimmung ruht. Und darum ist
sie frei, zügellos und ungebunden; sie tut, was sie kann, und darum verleug-
net sie ihr Wesen nie, und darum kennt sie nichts mehr als sich selbst.

[Erstdruck: *L. Strauss: J. Zwilling.* 392. — Handschriftliche Vorlage in: *L. Strauss-Archiv*, Mappe 68.]

X. Aphorismus

Ist es nicht, als schleiche sich ein Dieb daher, der das Leben stehlen wollte aus dem Bau des Herrn, als sei sie zersprungen, die Bundeslade, und das Opferfeuer erloschen?

[Erstdruck: *L. Strauss: J. Zwilling.* 393.]

Nr. 6

Nicht mehr über Lethes Ufern brennt die Sonne vom Zenith,
Aus des Meeres roten Wogen eilt nicht Titans Strahl herauf.
Der Glanz der Nacht, er ist erblichen in den schwarzen Fluten des Kozyth.
Ja, du führst nicht, wilde Kühnheit, deiner Seele kühlen Sohn;
Aufgelösten, reinen Äther faßt der Sturm des Himmels nicht,
Alle Winde, alle Wolken brechen unter seinem Firmament,
Und alle Elemente liegen kreisend um den Leiter her.
Der Blitz durcheilt zwar alle Lüfte, doch sein Gebiet verschonet er;
In ungeteilter Stille ruhend lauscht es auf der Wesen Kampf.
Bist du ordnend, Geist des Lebens, o so faß in unbewegter Mitte
Von allem dem, was um dich kämpfet, seine Rache, seine Liebe auf!
Hast du diese, o so trage ihres Lebens buntem Spiele
Deine Willens Farben auf!

[Erstdruck: *L. Strauss: J. Zwilling.* 393.]

Nr. 7

[Oktavdoppelblatt; sorgfältige, korrekturlose Reinschrift]

Mein Ohr hat schon genug gehört, und es ist müde die mißthöne des tobenden gethößes zu hören, und mein Auge ist gesättigt an dem aufgelößten regelloßen Kampfe, meine Wünsche harren nur des Augenblicks; wo meine Sinne begleidet mit der vollen zerstörenden Verwüstung des Lebens, in die andante übereinstimmung, meiner Seele, zurückkehren und ruhen dürfen; denn wenn ich meine Bestrebungen und meinen Willen in verbindung bringe, so ist es nur ein Augenblick den der blinde Zufall giebt, nur ein aufgehaschter Sonnen Strahl, der durch eine vom Sturm verjagte Wolke bricht; aber der Zufall will erst seine Kinder an seine Launen gewöhnen, ehe er ihnen Gewalt über sich selber einräumt; Gieb ihm nur seinen Platz beym Spiele, dann werfe deine Würfel wie du willst, sie fallen ihm zum Gewinste,

Kämpfe wie du willst du kämpfst für seinen Sieg verwüste wie du willst eine
feste Hand ists dann die ordnet, seyd auch dann Begleiter seines Lebens ihr
furchtloßen Bewegungen der Unerschrockenheit, und geth als seine echten
Kinder Stolz und unbezwungen bis an sein Ende mit ihm hin; denn die
Ragegöter schaun ja des guten wie des bösen nicht, und üben ihr recht
besinnungslos aus; Es hat der Mensch keine andre Regel als seine Bestrebungen mit seinem Willen zu vereinigen und zu thun was er kann. Es bleibt ihm
nichts übrig als mit aufmerksamerem Ohre mit geschärftem Auge zu bemerken, denn seine Gegenstände sind nur von der Art, daß sie durch größere
Vortrefflichkeit und stärkere Übermacht können bezwungen werden, weil
das Gesetz verschieden ist von seiner Anwendung, und darum kann wohl die
Gerechtigkeit die Grundlage seiner Bestrebungen, aber keineswegs unmit-
telbahr, die Richtschnur seiner Handlungen seyn; diesen Forderungen kann
der Mensch genüge leisten und thut er es so oft er Vorwurfs frey, er ruht mit
dem Schicksahl und eilt mit ihm voran und giebt ihm mit doppeltem Ge-
winnst zurück was er ihm einst nehmen mußte. Die Einwürkung aller
Weesen, das ist Schicksahl und Nothwendigkeit, sie ziehen sich ihre Söhne
die gehorgenden, wie die gebiedenten, des Glücks wandelbahre Laune demü-
thigt den kleinen, aber die Brust des Mannes macht sie bewegungsloß und
führt ihn zum Vertrauen in sich selbst zurück; dem Beherrscher giebt sie eine
kühle Seele die schonungsloß dem wiederstreber, nur der Gerechtigkeit
gehört, und einen modelbahren Geist der des Schicksahls zügelloße Laune
anspruchsloß und unbemerkt, im stillen auch zu bendigen weiß; denn im
Leben haben die leeren *masquen* nichts zu bedeuten, denn nur dem Geist
gehört der Sieg an nur der Geist ists der Herrscht.

[*Ludwig Strauss-Archiv,* Mappe 68]

Nr. 9 [verso]

Aphorismus

Alles kommt nur auf die Art und Weise an, wie es der Mensch tut. Große,
edle Seelen dürfen ihren Launen nachgehen, denn ihre Launen und ihre
Bedürfnisse sind etwas Geläutertes; denn wer stärkere Bewegungen von den
geringeren unterscheiden kann, der wird durch kein Band gefesselt, er folgt
seinem Genius sogleich, wenn er ihm ruft; denn er ist in der Fassung und
bedarf keiner Vorbereitung — daher kann er rufen.

[Erstdruck: *L. Strauss: J. Zwilling.* 392.]

Übrige, von L. Strauss abgedruckte, aufgrund des Nachlaßverzeichnisses nicht ein-
zuordnende Aphorismen

[Erstdruck: *L. Strauss: J. Zwilling.* 393 ff]

I.
Was sind unsere Leidenschaften auch wohl anders als getane Fragen, die
auf eine Antwort warten; und darum sind die Leidenschaften aller Menschen
so starke Triebfedern, die das Uhrwerk der Welt so allgewaltig herumtrei-
ben.

[Handschriftliche Vorlage in: *L. Strauss-Archiv,* Mappe 68]

II. [Aphoristisches aus Briefen.]

Wo gutes Bestreben zugrunde liegt, bessert alles — die Torheit wird durch
alles verdorben.

Jede Gewalt einer Regel hat ihre Genze bei einem Genie ohne Grenzen; es
nimmt keine gesetzten an, sondern will solange lauschen, bis es die ewigen
findet.

Wenn man vieles Wirkliche zusammenfaßt, so erblicken wir solche Widersprüche in dem Bewußtsein, daß zuletzt in gewissen verbindenden Augenblicken gleichsam nur durch einen bewußtlosen, glücklichen Schwung der
regierende Genius auf den Menschen wirkt.

Licht wünscht sich der Mensch, und wenn er selbst den Quell des Lichts
sieht, die Sonne, deren Strahlen so hell sind, so ist diese Fülle des Glanzes eine
eben so geheimnisvolle Decke als die dunkeln Schatten der Nacht.

H *Briefe mit Bezug auf Zwilling*

Nr. 1

ZWILLINGS Vater an Prinzen FRIEDR. JOS. u. LUDW. WILH. nach Genf, Hbg. 11. X. 1787 [Auszug]

Ew. Hochfürstliche Durchlauchten wissen, daß seit einer langen Reyhe von Jahren gewöhnlich kein weg eher [?] zeige, da ich nicht bey Hochdemselben zu seyn, und mich über die wichtigsten menschlichen Angelegenheiten mit Ihnen zu unterreden, die Gnade hatte.

[*Ludwig Strauss-Archiv*, Mappe 68]

Nr. 2

Ders. an den Erbprinzen, 6. I. 96 [Auszug]

... Aber eine Veranlassung dazu [dem Prinzen zu schreiben], wie die gegenwärtige ist, hätte ich mir vor einigen Jahren nicht träumen laßen.

Mein Sohn, der sich um der Wißenschaften halber beynahe anderthalb Jahre in Jena aufhält, scheint eine unüberwindliche Neigung zu haben, Soldat zu werden. Und zwar wünscht er sehnlichst, unter Ew. Durchlaucht Regiment und Aufsicht als Offizier angestellt zu werden.

Er gehet in sein zwanzigstes Jahr, ist völlig gesund, stark, wohlgewachsen und gebildet; und in Absicht auf sein sittliches Benehmen kan und muß ich ihm das Beste Zeugniß geben. Auch hat er nicht gemeine, natürliche Fähigkeiten nebst Kenntnissen, die ihm bey weiterer Vervollkommnung, woran er es nicht fehlen lassen wird, im Soldatenstand sehr nützlich werden können...

[*Ludwig Strauss-Archiv*, Mappe 68]

Nr. 3

Vater ZWILLING an den Erbprinzen. 8. V. 1796 [Regest]

Sohn werde „am 12. zu Frankfurt mit dem Postwagen abfahren". [Fährt aber erst am 18.] „Dann nach Jaroslau [?] um sich bey H Hptmann OTHING zu melden, dann nach Opole zu Ew. Durchl."

„Alles ist hier wohl bis auf meine Frau, die am verwichnen Dienstag vor 8 Tagen plözlich bettlägrig ward, und heute vor 8 Tagen zu unserm großen Leidwesen in die Ewigkeit überging. Ihr ist nun völlig wohl; das muß uns beruhigen."

[*Ludwig Strauss-Archiv*, Mappe 68; Auszug bei *L. Strauss: J. Zwilling.* 371.]

Nr. 4

Vater Z. an Erbprinz, Hombg. 5. X. 96 [Regest]

Bedauern über Verwundung, Genesungswünsche etc.
„Für die ausgezeichnete Gnade, welche Ew. Durchlaucht für meinen Sohn haben, bin ich Hochdenselben über allen Ausdruk verbunden. Wenn er solche nur getreu zu schätzen und zu verdienen weiß! Er schreibt mir, daß er nun die nächste Anwartschaft auf eine Offizierstelle habe, und daß ich auf diesen Fall 600 F in Bereitschaft halten möge, weil er so viel zu seiner Equipierung brauchen werde. In wie fern solches gegründet seye will ich Ew. Durchlaucht zu entscheiden überlassen. Was unumgänglich nöthig ist, dem will ich mich nicht entziehen. Aber ich berufe mich auf das, was ich schon die Gnade hatte, Ew. Durchlaucht zu eröfnen, daß es mich nämlich schon sehr viel gekostet hat, und daß ich seine Schwester nicht gerne verkürzen möchte. Ich würde es daher als eine dankwürdige Gnade ansehen, *zu erfahren* wann Hochdieselben mich die bey seinem zu hoffenden *avancement* erforderliche Geldsumme, so wie es gehen und stehen kann, daß er sich nicht zu schämen braucht, auf diese oder jene gnädigstbeliebige Art wissen laßen wollten."

[*Ludwig Strauss-Archiv*, Mappe 68]

Nr. 5

Vater Z. an JACOB (nach Schwaben), Hombg. 24. X. 96 [Regest]

Glückwünsche zum Avancement (Leutnant).
„Was du zur Not brauchst, um dich zu equipiren, das wird der Herr Erbprinz, den ich darum bat, aus seiner Cahse einsweilen bezahlen lassen ... Bey Gelegenheit deines Avancements habe ich erfahren, daß ich noch süsser Vaterfreuden fähig bin."
Sohn hat ihm am 12. von Grisingen bei Donaueschingen Beförderung gemeldet. Dank. Bezieht sich wegen der Auslagen auf letztes Schreiben. „Ew.

Durchlaucht werden so gnädig seyn, und aus Ihrer Cahse die erforderliche Summe vorschießen lassen." Sobald er Höhe erfahre, werde er zurückgeben. (Nach Landshut adressiert, nach Ulm nachgesandt.)

[*Ludwig Strauss-Archiv*, Mappe 68]

Nr. 6

Konzept eines Briefes des Erbprinzen [Auszug]

Opole 7. April 1796

Hochwohlgebohrner Freyherr
hochgedienster Herr General Feld Marschall Lieutnant
und Regiments Inhaber
...dürfte ich ... Eurer Excellenz ... zur ... beförderung als Unterlieutn. gehorsamst vorschlagen: ... einen Cadeten welcher nächstens beym Regiment vom Homburg eintreffen wird nahmens Zwilling, er ist der Sohn, des dortigen OberHofPredigers und mein Vater hat mir geschrieben Ihn Euer Excellenz anzuempfehlen. Es ist ein junger Mensch von 20. Jahren welcher schon 2. Jahre in Jena auf der Universität studiert hat, Er ist groß und gut gebaut und besitzet dabey Kenntniß und Fähigkeiten seinem Stande nützlich zu werden.

Seyn Vater hat vermögen und wird schon gewiß nichts fehlen lassen. Denselben bin ich vielen Dank schuldig und ich wünschte so glücklich zu seyn durch meine Anempfehlung bei Euer Excellenz schon meine Dankbarkeit zu bezeugen.

Daher bitte ich Euer Excellenz nochmals letzterem die werte Unterlieutn. Stelle Gnädigst zu versichern.

F. J. Erbprinz von H.-H.   Obrist

[*Ludwig Strauss-Archiv*, Mappe 68]

Nr. 8

Prinz PHILIPP an Prinz FERDINAND. Prag, 22. 7. 1809 [Regest]

Lieber Bruder [...] ZWILLINGS Heldentod ist mir sehr nahe gegangen.
[...] PHILIPP

[*Ludwig Strauss-Archiv*, Mappe 68]

Anhang 1: Prinz Hessen Homburg Houssaren-Regiment N° 4
Conduite Liste der OberOfficiere (de 7. Okt. 1808) [Auszug]

Charge	Zweyte Rittmeisters.
Rang	Vom Eilften December 1805.
Vor- und Zunahmen	JACOB VON ZWILLING
ledig, oder verheurathet,	ledig
mit oder ohne Kinder	
Alter	32 Jahr
Geburtsland	Homburg vor der Höhe aus Hessen
Dienet dem durchlauchtigsten	T[ag] M[onat] J[ahr]
Erzhause...	

...bey diesem Regimente als 2ter

Rittmeister	2-	II	—
	J	M	T

...bey andern Regimenter
und Corps bey Modena Dragoner

als Cadet	—	4	—
„ UnterLieut	4	—	—
„ OberLieut	I	3	—

bey Savoyen Dragoner

als Oberlieut	3	8	—

...In allem	12 Jahr 2 Monat
Bey andern Puissancen	nein
Erkaufte Chargen	keine
Was er war	Student
Hat Beyhülfe	keine
GesundheitsUmstände	gute
Gemüthsbeschaffenheit	Ehrgeitzig und billig
Natürliche Talente	sehr Vielle
Redet Sprachen	Deutsch gut Französisch mittelmäßig
Geschicklichkeit...	
...im Exercieren	gut
...im adjustiren	gut
...im Dressiren	sehr geschickt
Kenntnisse...	
...Geniewesen	etwaß.
...In andern Wissenschaften	Geschichte, Geograp., Mathematiqia, FeldVerschantzung und Milit. Zeichnen u. Aufnehmen
Reiter	guten
Pferdkenner	guten
Was für Campagnen gemacht	Vom Jahre 796. 797. 799. 800. 805.

Aufführung...
...Betragen — Vor dem Feind Tapfer und zeigt Kopf und Muth in
                            Gefahr
             — Mit dem Civile Ernstlich und höflich
             — Im Regimente Verträglich und bescheiden
             — Mit seinen
               Untergebenen   Ernsthaft und billig
...Eyfer und application   sehr Viel
...Guter Wirth   ja
...Fehler— dem Trunk ergeben nein
             — Spieler   nein
             — Schuldenmacher nein
Sonst im Dienst   sehr brauchbar und willig
Verdient das Avancement   In seinem Rang
Wie oft praeterirt und aus was für
Ursachen   nie

[FRIEDRICH VI. JOSEPH — Militärischer Nachlaß. Stadtarchiv Bad Homburg vor der
Höhe C I 2 F Nr. 2. Vgl. auch die Aufzeichnungen des Stadtbibliothekars HAMEL über
SIEGFRIED SCHMID und JACOB ZWILLING. Ebd. E I 3,2.]

Anhang 2: L. Strauss über Jacob Zwilling
        Aus unveröffentlichten Texten

I.

Aus einem Vortrag „HÖLDERLIN und der deutsche Idealismus", gehalten am 16. 4. 1928
in Berlin [maschinenschriftliches Protokoll, z.T. handschriftlich korrigiert].
Über den Frankfurter ‚Bund der Geister' um HÖLDERLIN, SINCLAIR, Hegel und ZWIL-
LING:

„In diesem Augenblick tritt nun eine heimliche Macht in HÖLDERLINS Leben,
die sich ganz im stillen, aber sehr bedeutend ausgewirkt hat, in der Person
JAKOB ZWILLINGS. HÖLDERLIN, der nach Frankfurt kommt, besucht dort seinen
Studienfreund SINCLAIR, und dessen Jugendfreund ist JACOB ZWILLING. ZWILLING
kam auch aus Jena, hatte FICHTE gehört, gab nach einigen Jahren die Philoso-
phie auf, wurde Offizier und fiel mit 33 Jahren in der Schlacht bei Wagram. Es
bildete sich in Frankfurt zu dieser Zeit ein Bund der Geister: HÖLDERLIN,
SINCLAIR, Hegel und ZWILLING. SINCLAIR war FICHTE-Anhänger, von dem HÖLDER-
LIN eine Hilfe nicht kommen konnte, SCHELLING, der damals nur kurze Zeit in
Frankfurt war, konnte weder damals noch in einem späteren Briefwechsel

wesentlich weiterhelfen. Das für HÖLDERLIN Neue brachte ZWILLING, und dieses Neue war etwas, was in HÖLDERLIN von früh an keimhaft gelegen hatte, nämlich die Philosophie der Beziehung.

ZWILLING war bei eigener Forschung zu der Formulierung gekommen, die theoretisch dem entsprach, was lebendig in HÖLDERLIN angelegt war. Wenn FICHTE hinter dem empirischen Ich ein absolutes Ich als Urgrund der Welt setzte, so hebt er die Beziehung Ich = Nicht-Ich auf, löst das Subjekt vom Objekt und gibt ihm eine transzendente Stellung, die entstanden ist aus dem Zerreissen der Beziehung. Es war das beziehungslose Ich, das im deutschen Idealismus die Herrschaft gewann. [...] die Beziehung wird ZWILLINGS oberster philosophischer Begriff, die Wahrheit wird nur in der Beziehung zwischen zwei Polen erkannt."

[*L. Strauss-Archiv*, Mappe 56. 13 f.]

II.

Handschriftliche Notiz zu o.a. Vortrag

„Auch in Hegels ‚Geist des Judentums' sehn die psychologische Disposition der Identitätsphilosophie, in Wahrheit die des WINKELMANNSCHEN Klassizismus: Was nicht substantiell Eins ist (identisch), ist unverbunden. Also was nicht wie Christentum (bei Hegel wie SCHLEIERMACHER und spätem SCHELLING) Einheit von Gott und Welt setzt muß (wie dort Judentum) Feindschaft oder Verachtung oder Despotie setzen. Denn alles Gebild ruht *statisch* in sich und nur über den *Schein* der Trennung weg gibt es Verbindung, die aber der Schein ist, hiehr [?] der Identität des Wesen ruht. Dem entgegen ZWILLING = HÖLDERLINS Beziehungsphilosophie, Anerkennung der realen Trennung, zugleich Abkehr vom *klassizistischen* Weltbild! Überwindung der Trennung durch reale Beziehung!"

[*L. Strauss-Archiv*, Mappe 58.]

III.

Aus dem Kollegheft eines Aachener Hörers

Über die Beziehung HÖLDERLINS zu Hegel in Frankfurt. „Dazu SINKLAIR mit JAKOB ZWILLING (Theologe u. Philosophie, dazu Soldat) selbständig von FICHTE emanzipiert. Primat des ästhetischen usw. ähnlich. Wahrscheinl. 1796 schon flüchtige Begegnung. Wichtig für H[ÖLDERLIN] 1) durch die „Beziehung" in seinem philosophischen System, der Oberbegriff. Bipolare Beziehung. 2) durch Streben nach Gerechtigkeitsstreben [sic!] aus Begriff des Ebenmaßes (aus seiner fragmentarischen Erkenntnistheorie) oder des Gleichgewichtes. Auf Zusammenhang mit dem Konkreten (vor allem in gesellschaftlicher Beziehung) gerichtet wie SINCL. Dadurch H[ÖLDERLIN] und Hegel mehr zum Objektiven gewandt durch lebendigen Einfluß der beiden Freunde (ZWILLING 1929 im *Euphorion* beschrieben)."

[*L.-Strauss-Archiv*, Mappe 51]

DIETER HENRICH

DER WEG DES SPEKULATIVEN IDEALISMUS

Ein Résumé und eine Aufgabe

Mit der Edition der Texte aus ZWILLINGS Nachlaß, die sich aus dem LUDWIG-STRAUSS-Archiv in Jerusalem zurückgewinnen ließen, ist die Suche nach diesem wichtigen Dokument für die Geschichte der Ausbildung des spekulativ-idealistischen Denkens zum vorläufigen Abschluß gekommen. Vorläufig ist dieser Abschluß deshalb, weil eigentlich nur seine (willkürliche oder zufällige) Vernichtung in Bad Homburg nach 1955 seinen Verlust auch auf alle Zeit erkären könnte. Darum besteht die Hoffnung fort, daß er noch an diesem Ort unter derzeit unbekannten Bedingungen existiert und daß er auch weiter erhalten bleibt, so daß er unter heute nicht absehbaren Bedingungen wieder auftauchen könnte. Ein Abschluß ist nichtsdestoweniger zu konstatieren, weil alle Möglichkeiten zu einer systematisch angelegten Suche durch Forscher, die sich nicht im wörtlichsten Sinne als Detektive oder amtliche Wahrer von öffentlichem Besitz betätigen können, nunmehr erschöpft sind.

CHRISTOPH JAMME hat in einer Weise, die Dank verdient, meinen Wunsch aufgenommen, ein Jüngerer möchte die Arbeit an LUDWIG-STRAUSS' Nachlaß in Jerusalem übernehmen[1], um so an Ort und Stelle die Suche zu Ende bringen, für die mir nur die Photokopien aus den Teilen von STRAUSS' Papieren zur Verfügung standen, von denen unmittelbar zu erkennen war, daß sie in den Zusammenhang von STRAUSS' Arbeit an ZWILLINGS Nachlaß gehören. Wirklich hat sich so der Bestand von ZWILLINGS Nachlaß, der im Wortlaut über STRAUSS' Vermittlung auch für uns nunmehr fortbesteht, noch weiter vergrößern lassen. Mit Enttäuschung ist dennoch festzustellen, daß sich keine weiteren Texte von wirklich erschließender Bedeutung haben auffinden lassen.

Aus Gründen, auf die im Folgenden näher eingegangen werden soll, ging ein besonderes Interesse darauf, die „zwei Konzepte zu einem Brief an einen ungenannten Jenenser Professor" in die Hand zu bekommen, die ZWILLING

---

[1] Vgl. *D. Henrich: Jacob Zwillings Nachlaß. Gedanken, Nachrichten und Dokumente aus Anlaß seines Verlustes.* In: Homburg v. d. Höhe in der deutschen Geistesgeschichte. Hg. v. C. Jamme u. O. Pöggeler. Stuttgart 1981. 261.

nach STRAUSS' Bericht am 26. April 1796 und kurz nach seiner Rückkehr von
der Jenaer Universität niedergeschrieben hat. Sie haben schon bei der Datierung der Ideen von SINCLAIRS *Philosophischen Raisonnements* und damit auch bei
der Sicherstellung der Datierung von HÖLDERLINS *Urteil und Sein* eine wichtige
Rolle gespielt.[2] Wahrscheinlich würden sie auch Hinweise auf die Konstellation von Personen und Überlegungen geben, in denen Zwilling und seine
Freunde in Jena gestanden haben. Das vorerst endgültige Fazit der Suche
geht aber dahin, daß wir auf absehbare Zeit mit dem knappen Bericht über
diese Konzepte in STRAUSS' Aufsatz auszukommen haben[3].

Nachkommende werden vermutlich daran interessiert sein, die Umstände,
unter denen ZWILLINGS Nachlaß in Homburg nach 1955 verschwand, noch
genauer zu kennen als aus meinen öffentlichen Mitteilungen im Zusammenhang mit der Nachricht über seinen Verlust. Ich werde darum die Briefwechsel und Protokolle aus der Zeit meiner Suche nach ihm im HÖLDERLIN-Archiv
hinterlegen.

Nun aber gibt der vorläufige Abschluß der Suche nach ZWILLINGS Nachlaß
Anlaß dazu, auf den größeren Zusammenhang, in dem die anhaltende Suche
geboten erschien, und auf die Aufgabe, die sich nach dem Ende der Rekonstruktion der philosophischen Situation um HÖLDERLIN in den Jahren 1795 bis
1797 stellt, in einer weiter ausgreifenden Übersicht einzugehen.

I. Philosophische und methodische Voraussetzungen

Die Teile von Hegels Nachlaß, zu deren Erhaltung sich seine Söhne verpflichtet wußten, wurden 1889 der Königlichen Bibliothek in Berlin übergeben. Zu
ihnen gehörten viele der religionstheoretischen Manuskripte aus Hegels
Frühzeit. DILTHEY erkannte bald ihre Bedeutung: Sie eröffneten die Aussicht
auf eine neue Verständigung über die innere Entwicklung von Hegels System aus den Motiven und Denkschritten, die in den Erfahrungsgang seines
Begründers und somit in die Problemlagen seiner Zeit verwoben waren.
Damit war der Grundstein gelegt für die Entfaltung einer neuen Verständigung über den Gang der Ausbildung des zweiten Teiles der Entfaltung der
klassischen deutschen Philosophie, — des Ganges, der ausgehend von der
Transzendentalphilosophie KANTS und FICHTES zum Aufbau eines Idealismus
führte, der im engeren Sinn „der spekulative" zu heißen hat. In ihm wurden
die Theorieformen der Transzendentalphilosophie mit solchen Theorieformen verbunden oder in sie überführt, die eine neue Weise metaphysischen

---

[2] D. *Henrich: Hölderlin über „Urteil und Sein".* In: Hölderlin-Jahrbuch 14 (1965/6),
73—96.

[3] L. *Strauss: Jacob Zwilling und sein Nachlaß.* In: Euphorion 29 (1928), 389.

Wissens und zuletzt auch eine für diese Metaphysik grundlegende Ontologie ergeben sollten.

Die Aufklärung über die Möglichkeit dieser Entwicklung war schon für Hegel selbst und dann für die von ihm beeinflußte Geschichtsschreibung der Philosophie von hohem Interesse. Im zweiten Drittel des 19. Jahrhunderts erschienen zahlreiche Werke, die den Versuch unternahmen, den Weg von Kant zu Hegel übersichtlich und durch die auf ihm maßgeblichen Überlegungen verständlich zu machen oder als zwangsläufig darzustellen. Diese Werke konnten noch vom Gesichtspunkt jüngerer Zeitgenossen aus geschrieben werden. Sie enthalten daher Analysen vieler Autoren, die später kaum noch beachtet wurden, die aber in ihrer Zeit und in der adakemischen Lehre und im Publikationswesen der Philosophie eine beträchtliche Rolle spielten. Aber erst durch Rosenkranz' Hegelbiographie wurde in die Historiographie der klassischen deutschen Philosophen zum ersten Mal eine entwicklungsgeschichtliche Zugangsart eingebracht. Noch in dem von Dilthey veranlaßten näheren entwicklungsgeschichtlichen Studium von Hegels frühen Texten ist aber die Zentrierung auf die Ausbildung des Werkes eines einzelnen Denkers nicht verlassen. Dem entspricht, daß auch in unserem Jahrhundert die philosophische Verständigung über den Weg von Kant zu Hegel vor allem über die Analyse der Theorien der für die klassische deutsche Philosophie repräsentativen Systembildungen gewonnen wurde, somit über die Erwägung von Konsequenzen für die Fortentwicklung der Systemform als solche, die aus diesen Werken selbst gezogen werden konnten. Richard Kroners *Von Kant bis Hegel* markiert den Höhepunkt und wohl auch das Ende dieser Art einer von Hegel inspirierten Gesamtverständigung. Schon zur Zeit seines Erscheinens schien es zu weit zu gehen, in seiner konstruktiven Bauart und in seiner Orientierung an der Kritik, die Hegel selbst an seinen Vorgängern geübt hatte. Heute muß es als negatives, obzwar eindruckvolles Gegenbild einer Verständigung über den Entwicklungsgang der klassischen deutschen Philosophie erscheinen, welche die wirkliche Ausbildung von dessen Positionen dem Verstehen aufschließen könnte. Ein Werk aber, das seinem Anspruch und dem Umfang seines Zugriffes entspräche und das über wirkliche historische Einsicht eine philosophische Aufklärung über jenen Entwicklungsgang zu geben vermöchte, ist bisher nicht erschienen und hat bislang auch noch gar nicht geschrieben werden können.

Doch heute beginnt sich die Aussicht auf eine solche neue und zugleich universale Verständigung über den Weg von Kant bis Hegel abzuzeichnen. Sie ergibt sich einerseits aus der Ausweitung der von Dilthey in Gang gebrachten entwicklungsgeschichtlichen Analyse auf die Genese der Theorien der klassischen deutschen Philosophie insgesamt und in ihrem Wechselbezug aufeinander. Sie ergibt sich andererseits aus einer erst in der zweiten Hälfte dieses Jahrhunderts gewonnenen neuen Auslegungsform für die in-

neren Formationsbedingungen dieser Theorien selbst. Daß gerade sie auch
für die historische Erklärung eine Voraussetzung ist, mag nicht ohne weite-
res einleuchten und sei darum erläutert:

Die überkommene Auslegungsweise war von der Neigung beherrscht, die
Architektur der großen Theorien und mit ihr oftmals auch deren Selbstinterpretation als verbindlichen Ausgangspunkt anzunehmen. Ihr Ziel war es
somit, die Theorien und ihre Verzweigungen von ihrer Ausführung her, die
sie in den großen Werken gefunden haben, durchsichtiger zu machen als es
ihren Autoren selbst gelungen war. Obwohl nun dabei mit Recht zur Geltung kommt, daß diese Werke aus auf Systematik gerichteten Intentionen
hervorgehen, so hat diese Methode doch den Nachteil, sich vorab von den
Theoriepotentialen abhängig zu machen, die den Autoren selbst zur Verfügung und sogar ausdrücklich vor Augen standen. Gerade darum vermag sie
es aber nicht, die begrifflichen Zusammenhänge, die Problemlagen und die
Argumentationsfäden aufzunehmen und auszuarbeiten die im Aufbau der
Werke wirksam und für ihn charakteristisch sind, ohne daß sie von ihren
Autoren deutlich gemacht und sicher beherrscht werden konnten, — etwa
die Methode der transzendentalen Rückfrage oder der spekulativ-dialekti-
schen Synthese. Die Philosophie dieses Jahrhunderts hat ein gegenüber der
Vergangenheit gesteigertes Bewußtsein von der Schwierigkeit und Verwick-
lung der Begriffsanalyse und der philosophischen Argumentationsweise
heraufgebracht. Dies Bewußtsein hat zwar zunächst und vorherrschend zu
einem Partikularismus der Problembearbeitung geführt, der für sich außer-
stande ist, den Intentionen der klassischen deutschen Philosophie gerecht zu
werden. Es mußte sich aber auch in der Auslegung dieser Theorien geltend
machen, denen durchaus eine systematische Absicht zugrunde liegt, und
helfen, die gerade für sie angemessenen Verfahren der Theorienanalyse
auszubilden. Kraft ihrer wird es zugleich aber auch möglich, die Situation der
Denker auf dem Wege zu ihrer Theorie und im Gange von deren Aufbau
ihrerseits im Lichte von Alternativen zu verstehen, vor die sie gestellt oder in
die sie verwickelt waren und in denen sie nur mit den Mitteln, die ihnen zur
Verfügung standen, und somit oft nur mit Not und über nicht wirklich
ausformulierte Begründungen zu einer Entscheidung kommen konnten.
Lehren und Texte der klassischen Theorien lassen sich über diese Dynamik
ihrer inneren Formation weit besser erschließen und eindringlicher als durch
die Anpassung an ihre eigene Selbstinterpretation vergegenwärtigen.

Die Unabhängigkeit von dieser Selbstinterpretation, wenn sie nur nicht
zur Gleichgültigkeit gegen die letzten Intentionen der Denker wird und
somit die dubiose Methode der „rationalen Rekonstruktion" begünstigt,
führt so gerade in größere Nähe zu dem wirklichen Prozeß der Entfaltung
der klassischen deutschen Philosophie. Und insofern ist sie auch für eine
historische Auslegung aus entwicklungsgeschichtlichem Interesse in mehr-

facher Hinsicht von großer Bedeutung. Nur zwei dieser Hinsichten seien genannt: Sie macht es möglich, Theoriepotentiale zu erkennen, die nicht beherrscht oder in ausdrücklicher Rechenschaft über sie ausgearbeitet wurden, die aber doch Profil und Dynamik einer Theorie auf dem Wege zu ihrer endgültigen Formulierung bestimmt haben. Und sie erlaubt es, die Relation zwischen Theorien, die einander folgten, und zwischen Elementen dieser Theorien zu bestimmen, die in ihrer verbindlichen Formulierung gegeneinander abgeschottet sind, so daß nicht mit Recht behauptet werden könnte, daß die spätere aus der früheren durch systematische Konsequenz hätte hervorgebracht werden können. Daß solche Konsequenz hinsichtlich der Grundanlage von KANTS Theorie schließlich zu Hegels Logik führen müsse, war Hegels eigene These und die These auch von KRONER gewesen. Die Kantianer haben ihr stets mit Recht widersprochen, ohne aber je imstande gewesen zu sein, die Folgegeschichte von KANTS Philosophie anders als die Geschichte von deren Mißverständnis zu begreifen. Die neuen Auslegungsverfahren erlauben es dagegen, die Diskontinuität zwischen KANT und der Bewegung anzuerkennen, die sich auf ihn berief, und dennoch den inneren Zusammenhang der Bewegung mit KANT zu philosophisch bedeutsamem Aufschluß zu bringen. Sie erlauben es ebenso, FICHTES späteres Denken auch gegenüber dem System Hegels, das auf spekulativer Logik fundiert ist, als selbständig und der Verteidigung fähig und somit als zweiten Gipfel der Entwicklung der klassischen deutschen Philosophie anzuerkennen, — und zugleich doch strukturelle Beziehungen zwischen den inneren Formationsbedingungen beider aufzudecken. Ihre spekulative Behandlung der verschiedenen Negationssinne ist dafür nur ein Beispiel.

Kann man Theoriepotentiale auch abgehoben von dem systematischen Zusammenhang, in dem sie schließlich genutzt werden, erkennen und entwickeln, so wird nicht nur die Auslegung der Systeme und der Stationen auf dem Weg zu ihnen geschmeidiger. Es wird auch möglich, die Auswirkung von Systemintentionen deutlicher zu erkennen, die sich aus anderem als einem rein nur theoretischen Interesse ausgebildet haben, ohne daß die Verständigung über sie aus dem Medium philosophischer Problementwicklung ganz herausgenommen und in den Rahmen der Ideen-, der „Geistes"- und der Sozialgeschichte ihrer Zeit ganz eingebunden werden muß. Wer die inneren Formationsbedingungen einer Theorie selbständig aufzunehmen imstande ist, der ist gerade dadurch auch dazu imstande, das Heraufkommen von grundlegenden Systemintentionen aus einer Lebenslage, die der Philosophie bedarf, die aber nicht von philosophischer Theorie allein geprägt ist, in Beziehung zu setzen zum inneren Aufbau von Gedanken, welche Systementwürfen ihre theoretische Kraft gaben, die ihrerseits in diesen Bedürfnissen und Intentionen ihr eigentliches Motiv und ihren Resonanzboden hatten.

Die neue Geschichte der klassischen deutschen Philosophie von KANT und Hegel ist also ebenso durch verfeinerten Aufschluß über Theoriepotentiale und Formationsbedingungen von Theorien ermöglicht und geprägt, wie sie auf eine Erkenntnis der historischen Bedingungen ausgeht, unter denen die Begründer der Theorien standen, als sie auf den Weg zur Entfaltung ihrer Theorien kamen. Diese Theorien haben in nur wenigen Jahrzehnten eine theoretische Gesamtleistung erbracht, die aller Vermutung nach für alle Zeit die Aufmerksamkeit jedes Denkens auf sich ziehen wird, das sich auf begründbares Wissen über das Erkennen als solches in Einem mit der Verständigung über Verfassung und Lebensmöglichkeit des bewußten Lebens verpflichtet weiß.

Die neue Gesamtdarstellung der Geschichte der klassischen deutschen Philosophie würde deren Verlauf in einer Weise darzustellen haben, die sich von der einfachen Abfolge der großen Systembildungen weit entfernt. Da sie den Abstand zwischen den Theorien KANTS, FICHTES und Hegels und ihre wechselseitige Selbständigkeit anerkennt, muß sie auch den Konstellationen, aus denen diese Theorien jeweils hervorgingen, eine vergleichsweise große und eigenständige Bedeutung beimessen. Und sie müßte zeigen, welche Kräfte in diesen Konstellationen wirksam waren, welche Theoriemotive in ihnen dominant waren und welche Theoriepotentiale in ihnen freigesetzt werden konnten.

Diese Abweichung von der Abfolge der bedeutendsten Theorien wird besonders weit gehen für die zweite Entwicklungsphase, die zum eigentlich spekulativen Idealismus geführt hat. In Hegels Darstellung geschah der Übergang von FICHTE zu SCHELLING beinahe unmittelbar und rein nur aus der Konsequenz einer in FICHTES Denken selbst schon freigesetzten Logik. Die neue Darstellung hat in der Position, die SCHELLING und Hegel seit 1801 zunächst gemeinsam vertraten, die späte Folge einer Reihe von Einsätzen zu sehen, die von FICHTE wegführten und die ein der transzendentalen Reflexion entgegengesetztes Motiv zu eigenständiger Entfaltung brachten. Dies Motiv war in der universitätsfernen Vereinigungsphilosophie des 18. Jahrhunderts aufgekommen. Und es hatte sich sodann in der gleichfalls halbpopulären SPINOZArezeption der achtziger Jahre und um das Werk von JACOBI Gehör verschafft. Es war das so geschärfte Gehör, das in FICHTES Denken selbst, das doch ganz anders angelegt war, die Begriffsformen erkannte, die bei der Nobilitierung der Vereinigungsphilosophie zur großen Theorie Beachtung verdienten und die in deren Dienst genommen werden konnte. Ein Lebensinteresse setzte sich in eine Theorieaufgabe um. In für Selbstverständigung und Theorieentwicklung gleichermaßen kritisch-produktiven Momenten konnte das Potential und der Impuls zum spekulativ-idealistischen Denken in wirklichem und in einem in seiner Art maßgeblichen Denken eingebracht werden. SCHELLINGS Naturphilosophie ist nur eine der Stationen auf diesem

Weg gewesen und nicht einmal eine solche, die dem Weg seine grundlegende Ausrichtung gab.

Die Konstellationen dieser Momente sind naturgemäß für den gar nicht sichtbar, der die Entfaltung der klassischen deutschen Philosophie allein aufgrund der reifen Werke seiner bedeutendsten Repräsentanten schreiben zu können meint. Sie sind nur in den Texten von Verfassern dokumentiert, die noch am Beginn des Ganges ihrer Ausbildung standen oder die auch für ihre Zeitgenossen als Randfiguren des literarischen Lebens galten. Da in ihnen das theoretische Interesse nicht eigentlich vorherrschte und da sie von akademischen Ambitionen sogar fast ganz unberührt waren, sind sie auch der Geschichtsschreibung verborgen geblieben, die, wie die des mittleren neunzehnten Jahrhunderts, auch den Philosophen mittlerer Größenordnung Beachtung schenkte. Erst in der Wirkung DILTHEYS und in der von ihm geprägten Lebens- und Ideengeschichte sind zum ersten Male einige ihrer allgemeinen Konturen aufgetaucht und auch als für das philosophische Verstehen wichtig beurteilt worden.

Angesichts des Mangels an weithin sichtbaren Werken, die mit ihnen direkt verbunden sind, ist dieser erste Aufschluß nur im Verein mit historisch-philologischer Forschung und oft auch in Verbindung mit lokalen Interessen eher antiquarischer Art zustandegekommen. Seither ist aber in die Ausarbeitung der Voraussetzungen für die neue Geschichte von KANT und Hegel eine Komponente von historisch-philologischem Eifer und Wettbewerb eingegangen. Auf diesem Feld kann nur der Gewichtiges beitragen, der zusammen mit philosophischer Denkkraft auch die Talente des historischen Feldforschers ins Spiel bringen kann. Es darf dabei freilich nicht vergessen werden, daß die Rechtfertigung auch dieser Bemühungen in der Absicht liegt, die Intentionen und die Formationsbedingungen großen Denkens mit neuer Sicherheit und Authentizität nachvollziehen zu können.

Mit dem Abschluß der Suche nach ZWILLINGS Nachlaß ist auch die Bemühung um die Verdeutlichung der Situation, die um HÖLDERLIN seit 1795 bestand, insofern zum Abschluß gekommen, als gegenwärtig keine begründete Aussicht besteht, weitere Quellen aufzufinden und zu einem grundsätzlichen weiterführenden Aufschluß über den Gehalt der Gruppe von Quellen zu kommen, die seit der Publikation des *Ältesten Systemprogramms des Deutschen Idealismus* zugänglich gemacht wurden. Um den Stellenwert dieses Abschlusses zu bestimmen und in der Absicht, eine weitere Aufgabe für die historische Feldforschung aufzuzeigen, die nunmehr in Angriff genommen werden muß, soll im Folgenden eine Übersicht über die Konstellationen und die Aspekte zu ihrer Erforschung gegeben werden, die für die neue Geschichte der klassischen deutschen Philosophie in ihrer zweiten, der eigentlich spekulativ-idealistischen Phase von erschließender Bedeutung sind. Diese Übersicht soll sich nicht aus der zeitlichen Abfolge der Konstellationen, sondern

aus der Folge der Überlegungen ergeben, aus denen Aufgabe und Möglichkeit einer neuen Geschichte der klassischen deutschen Philosophie in ihrer
zweiten Phase wirklich hervorgegangen sind.

II. Konstellationen auf dem Wege

1. Tübingen 1790—1795
A. Carl Immanuel Diez' radikaler Kantianismus

Es konnte niemals rein nur als historischer Zufall gelten, daß die drei Männer, die am sichtbarsten und wirkungsmächtigsten die Denkform des spekulativen Idealismus ausgestaltet haben, aus den Stuben und Sälen des Tübinger Stiftes hervorgegangen sind. Eher konnte versucht werden, diesen gemeinsamen Beginn aus untergründigen Wurzeln in der pietistischen Speku-
lation ihres Landes zu erklären. Was aber vor allem einer Erklärung bedarf,
ist nicht nur die Richtung ihrer Denkwege, sondern auch die Kraft, die
Entschlossenheit und das Selbstvertrauen, einen solchen Weg schon in der
Jugend und unter dem Eindruck einer kraftvollen Theorieentwicklung in der
fernen Mitte Deutschlands bis zu einem weithin sichtbaren und auffälligen
Ende zu gehen. Nicht allein die persönliche Freundschaft, sondern zumindest
ebenso sehr die Konstellation, in der sie sich ausbildete, kann dies verständlich machen. Und es war diese Konstellation, aus der auch noch die Freundschaft selbst ihren eigentlichen Gehalt gewann, der seinerseits die Gemeinsamkeit in der Wegrichtung der zuletzt selbständig und bis zum frühen
Dissens begangenen Wege verständlich macht.

Für eine neue Geschichte von KANT bis Hegel mußte es eine erste Aufgabe
sein, diese Dynamik aufzuklären, die sich in den ersten Schritten in Richtung
auf den spekulativen Idealismus ausgewirkt hat. Dazu war es nötig, die
Problemlage aus dem historischen Dunkel herauszuheben, in welche die
Tübinger Studenten um 1790 hineingezogen worden sind. Die Quellen, die
zu diesem Zwecke erschlossen werden mußten, waren Werke und Wirkung
der der Generation der Freunde unmittelbar vorausgehenden Studentenge-
neration, die in einem radikal-kritischen Wechselverhältnis mit der theologi-
schen Lehre der Universität stand. Die Repetenten des Stifts, die eine im
deutschen Universitätsleben singuläre Lehraufgabe wahrnahmen, haben auf
die Wege der drei Freunde in vielerlei Weise Einfluß gehabt, so CONZ auf
HÖLDERLINS griechische Studien und RAPP auf Hegels Behandlung des Motiva-
tionsproblems in der Analyse der Sittlichkeit, wobei der originelle Gedanke in
Hegels Tübinger Manuskripten der ist, daß die subjektive, die zur Freiheit
motivierende Religion nicht die private, sondern die öffentliche sei. Der
entscheidende Einfluß, der in der Strukturierung einer Diskussionslage und
eines Kritikstiles bestand, muß dennoch CARL IMMANUEL DIEZ zugeschrieben

werden.[4] Er entfaltete auf KANTischer Basis eine radikale Religionskritik. Sie fand zwar nur geringe Zustimmung, nötigte aber den durch DIEZ' Intimfreund SÜSSKIND unterrichteten und unterstützten Professor STORR zu einem Gegenzug, der dann seinerseits das Ziel der neuerlichen Kritik in Hegels und vor allem in SCHELLINGS frühem Werk geworden ist. Daß STORR der Religionskritik von DIEZ mit Mitteln entgegentreten konnte, die aus KANTS Werk selbst gewonnen waren, ließ es als zwingend erscheinen, die Grundlagen dieser zweiten Kritik an STORR nicht direkt aus KANTS Werk, sondern aus einer neuen philosophischen Grundlegung sowohl für das Freiheitsbewußtsein wie für den Transzendenzbezug des in Freiheit begründeten Lebens zu gewinnen. Diese Aufgabe übernahm SCHELLING in seinen ersten philosophischen Druckschriften[5]. Auch in Hegels Berner Manuskripten ist die Antikritik gegen STORR das dominante Motiv, nur daß Hegel vorerst noch meint, sie durch eine geläuterte Lesart von KANTS Werk selbst gewinnen zu können.

Die Schriften und Briefe von DIEZ werden nach leider langer Verzögerung nunmehr bald veröffentlicht sein[6]. Sie werden zeigen, daß DIEZ' Position nur in den Jahren 1790—92, also vor dem Erscheinen von FICHTES und KANTS Religionsschrift, hat vertreten werden können und daß sie es ist, auf die STORRS Religionsschrift reagierte, die ihrerseits Hegel und SCHELLING zumal zu fundamentalphilosophischer Antikritik veranlaßte. DIEZ selbst studierte von 1792 an in Jena Medizin. Es hat sich jüngst herausgestellt, daß REINHOLD ihm einen erheblichen Einfluß auf die Fortentwicklung seiner eigenen philosophischen Theorie von 1792 an zugeschrieben hat[7].

B. *Schellings kantianisierende Platondeutung*

Daß SCHELLINGS Entschluß, sich von der Kritikform im Medium der Altertumskunde weg und zur philosophisch fundierten Kritik zu wenden, durch

---

[4] *M. Brecht (Die Anfänge der idealistischen Philosophie und die Rezeption Kants in Tübingen (1788—1795).* — In: Beiträge zur Geschichte der Universität Tübingen 1477—1977. Tübingen 1977. 381 ff) hat eine verdienstliche Übersicht über die Arbeiten der Repetenten während Hegels Studienzeit erarbeitet. Gewicht und Auswirkung ihrer Positionen für die Ausbildung der spekulativ-idealistischen Philosophie verständlich zu machen, ist nicht seine Fragestellung.

[5] *U. J. Wandel (Verdacht von Democratismus.* Tübingen 1981) hat neue Dokumente ans Licht gebracht, die dafür sprechen, daß Schelling als Student auch in politische Konspirationen einbezogen war. Diez scheint sich auf die kantische Destruktion der Kirchenlehre beschränkt zu haben.

[6] Vgl. *L. Döderlein* und *D. Henrich,* in: Hegel-Studien 3 (1965), 276 ff.

[7] Dies geht aus Briefen Reinholds an J. B. Erhard hervor, die im Rahmen der Reinhold-Briefausgabe veröffentlicht werden. Den Editoren verdanke ich ihre Kenntnis.

STORRS Antikritik veranlaßt war, ließ sich immer schon aus seinen Briefen an
Hegel nach Bern entnehmen. Hätte man die Frage gestellt, in welcher Weise
auch schon die vorausgehende historische Kritik von SCHELLING von philosophischen Überlegungen mitbestimmt waren, so hätten SCHELLINGS erster
Aufsatz und seine beiden Dissertationen, sowie die in der Einleitung von
PLITTS Briefausgabe mitgeteilten Fragmente vergleichsweise ausgedehnte
Quellen für den Versuch zu einer Antwort sein können. Aber erst seitdem
die Dissertationen SCHELLINGS neu ediert und auch übersetzt worden sind,
haben diese Quellen um ihrer philosophischen Implikationen willen Interesse
auf sich gezogen.

Die Quellen zu SCHELLINGS philosophischer Arbeit vor dem Aufbruch zur
spekulativen Theorie sind aber noch weit zahlreicher. Und sie waren in dem
in Berlin verwahrten Nachlaß vergleichsweise leicht zugänglich. Bevor sich
die eigentlich historische Aufgabe, eine Geschichte von KANT bis Hegel zu
schreiben, in ihren Konturen abzeichnete, sind sie aber ignoriert worden.

In SCHELLINGS Nachlaß ist neben seinen Kommentaren zum Römer- und
Galaterbrief auch ein Kommentar zu PLATON erhalten, — dazu neben Ausar-
beitungen, die in den Umkreis der zweiten Dissertation gehören, erste Aus-
arbeitungen zu einer Abhandlung über den Geist der PLATONischen Philosophie[8].

Der PLATONkommentar muß als Arbeitsmanuskript, nicht als Entwurf
einer möglichen Publikation aufgefaßt werden. Er gilt dem Text des *Timaios*,
zu dessen Verständnis aber ausgiebig die Lehre von den Arten des Seienden
herangezogen wird, die der *Philebos* entfaltet (23 c ff). In deren Auslegung hat
SCHELLINGS Kommentar sein philosophisches Zentrum. Diese Auslegung ist
ganz von der KANTischen Theorie geleitet. REINHOLDS Theorie des Vorstel-
lungsvermögens wird vorerst nur an der Oberfläche und in ihrer Terminolo-
gie rezipiert. Es ist SCHELLINGS Absicht zu zeigen, daß PLATON im Gewand einer
Rede von Weltursprung und von ewigen Ideen die KANTische Konzeption von
Begriffen entfaltet, unter die alles Dasein in der Welt zu subsumieren ist und

---

[8] Schon vor bald zwanzig Jahren habe ich Schellings Platonkommentar und die
Pauluskommentare in seinem Nachlaß identifiziert und vom Literaturarchiv der
Akademie in Ost-Berlin auch die Genehmigung zur Veröffentlichung erhalten. Hannelore Hegel hat damals eine Transkription angefertigt, und ich habe die recht
aufwendigen Studien zur Aufklärung der zeitgenössischen Platoninterpretation unternommen, die Schelling zu einem erheblichen Teil gekannt und benutzt hat. Als die
Schellingausgabe der Bayerischen Akademie geplant wurde, erschien mir die der
Sache nach sehr wichtige Publikation des Platonkommentars außerhalb dieser Ausgabe überflüssig geworden zu sein. Da sich die Arbeit am Nachlaß in der Edition aber
verzögert, scheint mir ein erster Hinweis auf Gehalt und Stellenwert des Kommen-
tars im Rahmen dieser Übersicht nunmehr am Platze zu sein.

die ihren Ort und Ursprung in der Einheit des Verstandes oder des Vorstel-
lungsvermögens haben. PLATONS Darstellungsart, die überall das Subjektive
aufs Objektive überträgt, ist zum Teil aus den Grenzen der historischen
Situation, in der er jedem Menschen zugängliche Wahrheiten aussprach,
zurückzuführen, — also in eben der Art, in der SCHELLING zuvor auch die
mythische Sprache der Offenbarungstexte erklären wollte. Zum anderen
Teil redet PLATON „gerade in dem Tone, den auch jetzt noch der unterdrückte
Freund der Wahrheit annehmen muß".

Indem SCHELLING KANTS Kategorien in den γένη des *Philebos* wiedererkennt,
bringt er aber in die Organisation von KANTS Kategorienlehre zugleich auch
eine Verschiebung. πέρας ist die allgemeine Einheitsform, der ἄπειρον als
unbestimmte Mannigfaltigkeit entspricht, der aber als Kategorie nunmehr
die der Qualität zugeordnet wird. Damit wird, ganz anders als in KANT selbst
und vielleicht von REINHOLD inspiriert, das Verhältnis der Kategorien als das
der Vermittlung eines Grundgegensatzes gedeutet, der selbst durch die
antithetische Relation der beiden Grundkategorien zueinander zu denken
ist. Das κοινόν erweist sich dann als die erste Kategorie, durch die eine
Vermittlung von Einheit und qualitativer Mannigfaltigkeit zustandekommt.
Sie wird als die Kategorie der Quantität identifiziert. 'Αιτία ist dann die
weitere Kategorie, die den Umstand, daß diese Vermittlung nicht gegeben
wird, sondern zustande gebracht werden muß, in Beziehung auf jede zur
Einheit gebrachte Mannigfaltigkeit zur Geltung zu bringen hat. Insofern ist
sie die Kategorie der Kausalität.

Diese vom Text PLATONS abgenötigte Umbildung der KANTISCHEN Kategorienlehre dient SCHELLING nur dazu, die als wahr und unwandelbar unter-
stellte Philosophie KANTS schon in PLATONS Denken in der Gestalt, die seiner
Zeit gemäß war, hervorgehen zu sehen. Man muß in dieser Umbildung aber
auch eine Voraussetzung dafür sehen, daß SCHELLING, als wenig später FICHTES
Wissenschaftslehre erschien, in ihr das in der eigenen PLATONauslegung einge-
führte Muster von Kategorienlehre wiedererkennen und auf einer ganz
neuen Grundlage gebracht sehen konnte.

Man muß weiterhin annehmen, daß von der Dimension in PLATONS Werk,
in der es die Einheit von Seele und somit von Subjektivität aus einer vorausgehenden, einer „objektiven" Idealität begreift, also der Dimension, die SCHEL-
LINGS Auslegung zunächst auf KANTische Subjekteinheit reduzieren wollte,
für SCHELLING selbst ein weiterer Theorieimpuls ausgehen konnte, als er es
später für notwendig erachtete, die Gedanken von JACOBIS *Spinoza* in die
Transzendentalphilosophie selbst einfließen zu lassen, um so der Annexion
von KANTS Religionsphilosophie durch STORR mit einem Konzept von den
Gründen des vernünftigen Glaubens zu begegnen. Mit ihm sollte zugleich
deutlich gemacht werden, daß in STORRS Annexion ein der Wahrheit direkt
entgegengesetztes Denken am Werke ist.

Die Kenntnis von SCHELLINGS PLATONauslegung läßt die Rolle des PLATONI-
schen Denkens bei der Ausbildung der spekulativ-idealistischen Philosophie
im Allgemeinen auf neue Weise auffällig und verständlich werden. Auch
HÖLDERLIN hat sich zunächst mit Hilfe von PLATON aus der KANTischen Position
auch in der Fassung, die SCHILLER erreicht hatte, zu befreien versucht. Noch
Hegels Logik läßt sich als eine Form von dynamisiertem PLATONismus be-
schreiben. Und SCHELLING wählte später für seine eigene Darstellung des
Monismus des Absoluten eine von PLATON hergeleitete Begriffsform. Dem
allen, und auch SCHELLINGS früher PLATONauslegung voraus liegt eine ausgedehnte PLATONliteratur, die ihrerseits schon versucht hatte, die für KANT
selbst wesentliche Berufung auf PLATON in der Ideenlehre in eine PLATONexe-
gese umzusetzen, die PLATON als Zeugen für die Wahrheit der KANTischen
Philosophie im Einzelnen aufzurufen erlauben würde. Es ist von einiger
Bedeutung, daß TENNEMANN, der Autor zentraler Stücke dieser PLATONliteratur, an der Universität Jena gewirkt hat.

2. Frankfurt-Homburg 1795—1797

SCHELLINGS Schrift *Vom Ich* ist die erste Publikation, deren Gedanken in das
Gravitationsfeld des spekulativ idealistischen Denkens eingetreten sind. In
der Klarheit des Abgehens von der an KANT orientierten Grundlage von
FICHTES *Wissenschaftslehre* und somit in der Klarheit einer Grundkritik an
deren Gedankenführung bleibt diese Schrift aber hinter den Dokumenten
zurück, die uns aus HÖLDERLINS Freundeskreis bekannt geworden sind. SCHEL-
LING war bis hin zum Ende des Jahrhunderts und bis zur neuerlichen Vereinigung mit Hegel in Jena darum bemüht, die Gemeinsamkeit mit FICHTE zu
wahren. Insofern ist auch in seinen Argumenten und Theoriestrategien,
vergleicht man sie mit denen des Homburger Kreises, so etwas wie eine
Unentschiedenheit zu bemerken. Der Impuls auf den eigentlich spekulativen
Idealismus erscheint bei ihm im Vergleich als abgeschwächt. Das erklärt sich
wohl auch aus berechtigten theoretischen Bedenken und aus einer im Vergleich mit den Homburgern universaleren und inzwischen auch der öffentlichen Kritik ausgesetzten theoretischen Begabung. Es muß aber auf der
anderen Seite auch aus positiven Gründen für die besondere Entschiedenheit
beim Durchbruch durch FICHTES transzendentale Grenzziehung verstanden
werden, die im Kreis um HÖLDERLIN vollzogen worden ist. Dieser Durchbruch
war so stark, daß er Hegel im Übergang nach Frankfurt fast instantan in den
Homburger Kreis einband, so daß er auch durch die gründliche Lektüre von
SCHELLINGS Schriften nicht wieder in die für sie charakteristische Indirektheit
und Unentschiedenheit beim Aufbau des spekulativen Idealismus hineingezogen wurde.

Keiner der philosophischen Texte, die aus dem Kreis um HÖLDERLIN erhalten geblieben sind, hat den Charakter einer für die philosophische Öffentlichkeit bestimmten Schrift oder auch nur den einer Vorarbeit zu ihr. Sie sind allesamt Texte der Verständigung, und dies wieder auf unterschiedliche Weise. HÖLDERLINS *Urteil und Sein* ist die Skizze einer philosophischen Konzeption, in der die intendierte Anwendung auf HÖLDERLINS Anthropologie abgeblendet ist. Das *Älteste Systemprogramm* ist umgekehrt der Bericht über einen Text einer auf Philosophie begründeten Aufklärung, dessen eigentliche philosophische Grundlagen unbestimmt bleiben. Nur SINCLAIRS und ZWILLINGS Reflexionen entfalten ihre Überlegungen in einer Weise, die alle Motive, die auf sie Einfluß hatten, auch offen zu erkennen gibt. Dabei ist SINCLAIR von Ideen HÖLDERLINS durchgängig abhängig, während ZWILLING im Jünglingsalter und auf dem Wege zur Offizierslaufbahn eine Konzeption von großer Selbständigkeit skizziert, die aber den gleichen Problembestand auflösen soll, die auch HÖLDERLIN bei der Konzeption von *Urteil und Sein* vor Augen stand. Es sind die Entwürfe zu *Hyperion*, aus denen wir von der Art dieser Probleme nähere Kenntnis haben.

Die Einheit des Ausgangs und das Spektrum der Reaktionen auf ihn, zu dem neben HÖLDERLINS und ZWILLINGS Texten die frühen Frankfurter Manuskripte Hegels gehören, erlaubt es uns, uns in die theoretische Dynamik hineinzudenken, die in den Gedanken und Gesprächen der Freunde am Werke gewesen ist. Wir können die Unklarheit erkennen, die in HÖLDERLINS Unterscheidung von absolutem Sein und entgegensetzender Reflexion zurückgeblieben ist. Und damit können wir in der Ausbildung der Gedanken sowohl von Hegel als von HÖLDERLIN bis zu ihrer endgültigen Trennung die für sie jeweils maßgebliche Konsequenz erkennen[9]. Hegel brachte sie zu einem Systementwurf, der ZWILLING und einer PLATONischen Ontologie der logischen Form, der Form allerdings des Gegensatzes, bald näher stand als HÖLDERLINS an die Begriffsform von FICHTES Lehre weiterhin gebundenem Denken. HÖLDERLIN und Hegel blieben aber miteinander verbunden in der neuen Grundthese, daß die Einheit des Ursprungs nicht nur innerhalb der Trennung vergewissert und erinnert werden muß, daß sie vielmehr als eine Einheit, zu der die Trennung selbst gehört, zu denken und zu vergegenwärtigen ist. Hegels spätere Philosophie des Geistes hat in diesem wichtigen Gedankenschritt ihre erste Voraussetzung. Und HÖLDERLINS Theorie der Tragödie und des historischen Untergangs ist unmittelbar aus ihm hervorge-

---

[9] *Ch. Jamme* ist dieser Entwicklung nachgegangen: „*Ein ungelehrtes Buch*". Bonn 1983. (Hegel-Studien, Beiheft 23.)

gangen. Noch ist aber nicht gezeigt worden, in welcher Weise auch die in HÖLDERLINS hymnischer Dichtung eingehenden Gedanken die Motive des Homburger Denkens bewahren und entfalten, — die Einheit der Natur in der Vielgestalt der Himmlischen, das Sich-Versagen des Gottes und die versammelnde Erinnerung der Ströme und der Dichter der Völker, deren Gesang in Einem Dank, Vergegenwärtigung und Vereinigung der Lebenstendenzen zur „Innigkeit" ist.

3. Endgestalten des spekulativen Denkens

Die neue Verständigung über den Weg des spekulativen Denkens ist als philosophische Analyse auf die Entfaltung von Potentialen einer Theorieform und als historische Analyse auf Konstellationen konzentriert. Daraus ergibt sich unmittelbar die für die Methode grundlegend wichtige Folgerung, daß es unmöglich wird, den Denkweg der in die Konstellationen Einbezogenen und die für ihn maßgeblichen Motive jeweils nur für sich ins Auge zu fassen. Die Verlaufsform der Entfaltung des spekulativen Denkens läßt sich nicht aus einer Reihung individueller Entwürfe und Entwurfsfolgen gewinnen. Gewiß sind in jedem derer, die zur Entfaltung dieses Denkens beitrugen, ein persönliches Profil von Begabungen und Lebensproblemen und somit auch eine nur ihm eigene Einsichtsfolge aufzuweisen. Aber sie sind von Beginn an in einen gemeinschaftlichen Verständigungsprozeß ebenso verflochten, wie sich die von ihnen ausgebildeten Gedanken nur verstehen lassen aus einer der Theorieform des spekulativen Denkens selbst eigentümlichen Gesamtlage von Problemen und Denkmöglichkeiten. Aus ihr leitet sich der Spielraum von möglichen Wendungen wirklicher Denkwege her. Und in der Orientierung an ihr müssen sich daher auch die Wendungen, die wirklich eingeschlagen wurden, verständlich machen und im Bezug auf Grundfragen, die in ihnen zur Entscheidung standen, beurteilen lassen. Darum kann die noch vorherrschende Organisation der Forschung um Werkeditionen leicht dazu führen, daß deren Gesichtspunkte durch die Zentrierung auf jeweils einen der Denker eingeschränkt sind und zu Verformungen in der Analyse und der historischen Aufklärung geneigt machen. Die neue Verständigung über den Gang des spekulativen Denkens muß gerade deshalb, weil sie von dessen Problemlage insgesamt ihren Ausgang nimmt, auch von Beginn an synoptisch angelegt sein und also diesen Gang als ganzen zu ihrem eigentlichen Thema haben.

Die philosophische Konstellation, die zwischen SCHELLING und Hegel bei Beginn des neuen Jahrhunderts in Jena entstand, läßt sich ohne diese Zugangsart so wenig erschließen wie die zwischen Hegel und HÖLDERLIN vor der Jahrhundertwende. In dieser Konstellation ging die Begriffsform von Hegels

Logik hervor[10]. Und was SCHELLING betrifft, so ergab sich für ihn, daß ein Denken, das Schritte von der Art, wie sie Hegel zwischen 1802 und 1804 zur Theorie stabilisierte, nicht unternimmt, zur eigentlichen Entwicklung des spekulativen Denkens keine weiteren Beiträge zu geben vermochte. Von SCHELLINGS Spätphilosophie kann gesagt werden, daß sie mit für ihre Grundlage wesentlichen Zügen in den Theoriekreis zurückgetreten ist, dessen Grundzüge schon im Homburger Freundeskreis ausgezogen waren.

Die größte Aufgabe, an der sich die neue Geschichte des spekulativen Denkens zu orientieren hat, geht darauf, die Endformen, zu denen das spekulative Denken gelangte, in Beziehung aufeinander verstehen und erörtern zu können. Die Formationsbedingungen von Hegels Logik müssen dazu erschlossen sein. Aus der Beziehung auf sie muß sich verstehen lassen, wieso SCHELLINGS Werk schließlich aus dem Zentrum der Problemlage des spekulativen Denkens herausgleiten konnte. Und beider Werk muß wiederum in Beziehung zu HÖLDERLINS dichterischem Werk zu setzen sein, das aus einer philosophischen Einsicht, die sich durchaus im Zentrum spekulativen Denkens hält, der Philosophie als solcher die Fähigkeit abspricht, der von ihr selbst entfalteten Problemlage auch gerecht zu werden. Schließlich muß FICHTES spätere Wissenschaftslehre zur Endgestalt des Werkes der drei Tübinger ins Verhältnis gebracht werden. FICHTE wollte die KANTische Grenzziehung gegen alle Ontologie durchhalten. Mit Hegels Logik ist sein Werk daher durch den Gegensatz in der Grundanlage inkompatibel. Aber auch FICHTES Werk ist von Motiven der spekulativen Begriffsform bestimmt. Und es ist in seiner finalen Synthesis, der Theorie des Absoluten, auch direkt auf die Einsatzpunkte des spekulativen Denkens und auf seine Begriffsform bezogen.

Es kann wohl nicht gelingen, die Konstellation in Jena nach 1800 in diesem viel weiteren Rahmen zu beurteilen, ohne daß zugleich in Frage steht, von welchen sachlichen Grundlagen her spekulatives Denken überhaupt in Gang kommt und wie es dahin gelangen könnte, wahrheitsfähig zu werden. So mündet die Arbeit an einer neuen Geschichte von KANT bis Hegel in einer

---

[10] Wichtige Untersuchungen zu diesem Thema sind aus dem Umkreis der Werkausgaben der Akademien hervorgegangen, — aus der Hegelausgabe die von *H. Kimmerle* und *K. Düsing*, aus der Fichteausgabe die von *R. Lauth*. Ich meine allerdings, daß in ihnen die begrifflichen und theoretischen Zusammenhänge, welche die Entwicklung von Hegels reifem spekulativen Denken beherrschen, noch nicht als solche deutlich genug ausgearbeitet worden sind. In einer Skizze *Andersheit und Absolutheit des Geistes* habe ich sie in abstracto zu entwickeln versucht (in: *Selbstverhältnisse.* Stuttgart 1982. S. 142 ff). Das diesem Thema gewidmete größere Manuskript, das der Verlag schon einmal unter dem Titel *Das Andere seiner selbst* angekündigt hat, ist in seiner zweiten Fassung leider noch immer nicht vollendet.

sachlichen Bemühung um das Verstehen der Gründe der Möglichkeit und
etwa gar der Unausweichlichkeit des spekulativen Denkens selbst. Die neuer-
liche Anstrengung zur historischen Verständigung über die Epoche seiner
eindrücklichsten Entfaltung hat in dieser Aufgabe ihre letzte und ihre eigentliche Rechtfertigung.

4. Jena 1792—1796

Anlaß für diese Skizze von Aufgabe und Umriß einer neuen Geschichte des
spekulativen Denkens ist der Abschluß der Suche nach Dokumenten aus
HÖLDERLINS Homburger Freundeskreis. Sie soll nun ihrerseits damit abschließen, daß eine weitere Forschungsaufgabe formuliert wird. Diese Aufgabe
ergibt sich aus Fragen, die sich nur stellen lassen, wenn die Klarheit über
Denkmöglichkeiten im Homburger Kreis erreicht ist, die wir nunmehr besitzen. Aus dieser Klarheit gehen die Fragen aber auch unabweisbar hervor.

Die Suche nach ZWILLINGS Nachlaß war insbesondere von der Hoffnung
geleitet, ZWILLINGS Konzepte zu einem Brief an einen Jenenser Professor
zugänglich machen zu können. STRAUSS hat über diese Konzepte referiert,
und zwar im Zusammenhang der Darlegung von ZWILLINGS Weltanschauung.
Nachdem er zuvor Grundzüge einer praktischen Philosophie ZWILLINGS darge-
legt hat, nutzt er die Konzepte als Quellen zu ZWILLINGS Ansichten über
Ästhetik. Daß die Konzepte von einer Kritik an FICHTES Theorie des absoluten
Ich ausgehen, teilt STRAUSS mit. Doch war ihm, der ZWILLINGS Beziehungslehre
vorab nach dem Fragment *Über das Alles* dargestellt hat, dieser Aspekt im
Zusammenhang seines Referats nicht mehr von besonderem Interesse. Man
erhält indes den Eindruck, daß der Brief einen ansehnlichen Umfang hatte.

Die Existenz des Briefes belegt, daß es für die Diskussionen des Homburger Kreises in Jena zumindest einen Interessenten gab, und somit auch, daß
die Homburger Diskussionen an andere anschließen, die ihnen schon in Jena
vorangegangen waren. Die Originalität des Homburger Denkens und die
Selbstsicherheit in dessen Vortrag lassen sich ohnedies nicht unabhängig von
der auffälligen Tatsache verstehen, daß HÖLDERLIN, SINCLAIR und ZWILLING
allesamt in Jena, dem Zentrum der Philosophie in Deutschland, hatten studieren können. ZWILLING hat dort etwa eineinhalb Jahre, SINCLAIR etwa ein Jahr
und Hölderlin etwa ein halbes Jahr verbracht. Als der neunzehnjährige
ZWILLING seinen Brief nach Jena entwarf, war er erst gerade eben von dort
aufgebrochen. Es ist also kaum anzunehmen, daß er seine selbständige Position sowohl gegenüber FICHTE wie auch gegenüber HÖLDERLIN in den weniger
als vier Wochen seit seiner Rückkehr hat erarbeiten können. HÖLDERLINS
Urteil und Sein war schon mehr als ein Jahr zuvor in Jena entstanden. Von dort
war HÖLDERLIN längst zunächst in die Heimat zurückgekehrt und dann nach

Frankfurt gekommen. Ein Jahr zuvor hatte sich in Jena die Freundschaft zwischen SINCLAIR und HÖLDERLIN zu der Höhe entfaltet, die sich bis zu HÖLDERLINS Zusammenbruch und in der Bewahrung von wesentlichen Teilen seines Werkes bewährte. ZWILLINGS Bekanntschaft mit SINCLAIR geht schon auf die gemeinsame Homburger Jugend zurück. Das Briefkonzept scheint zu unterstellen, daß der Adressat auch SINCLAIR kennt. Es ist sehr wahrscheinlich, daß ZWILLING und SINCLAIR auch in Jena miteinander einigen Umgang hatten und somit auch Kenntnis von ihren Bestrebungen und Kontakten. Hatten die Gedanken von HÖLDERLINS *Urteil und Sein* auf ZWILLINGS Entwürfe Einfluß, so muß dieser Einfluß schon während HÖLDERLINS Aufenthalt in Jena erfolgt sein. ZWILLING blieb danach noch für ein ganzes Jahr in Jena. Man wird annehmen dürfen, daß die Umgebung seines Lebens für die weitere Ausbildung seiner Gedanken weder ohne Bedeutung noch ohne ein Ohr gewesen ist.

Obgleich uns also ZWILLINGS Briefkonzepte vorerst unzugänglich bleiben, zieht uns doch die Tatsache ihrer Existenz in einen weitgespannten Rahmen von Vermutungen und von neuen Erkenntnisinteressen. Man möchte zunächst wissen, welcher Jenenser Professor ZWILLINGS Adressat hätte sein können. ZWILLING setzt voraus, daß er für seine Argumente offen sein möchte, und daß er den jungen Studenten auch als Theoretiker ernst nehmen wird. Er setzt weiter voraus, daß es sinnvoll und dringend ist, mit ihm im Gespräch zu bleiben. Das hat wiederum zur Voraussetzung, daß im zweiten Jahr nach FICHTES Ankunft in Jena in dessen Nähe eine kritische Erörterung von Grundlagen der Wissenschaftslehre zumindest möglich gewesen ist, welche ihrerseits die Entscheidung für den Weg zum spekulativen Denken schon hinter sich hat. Hätte man sich noch vorstellen können, daß ein Jahr zuvor HÖLDERLINS *Urteil und Sein* in stiller Isolation entstanden ist, so setzt ZWILLINGS Briefkonzept auch unter den Professoren eine für die Gedanken von *Urteil und Sein* geöffnete Adresse voraus.

In Wahrheit muß man auch schon für das Jahr 1795 annehmen, daß HÖLDERLINS Gedanken in Gespräche über FICHTE in noch andere als seinen eigenen engsten Kreis eingegangen sind. HÖLDERLIN hatte Zugang zu den Zelebritäten des Ortes. Und NIETHAMMER lud ihn zur philosophischen Mitarbeit an einem Journal ein, dessen Plan hohe Ambitionen zugrundelagen.

In solchen Überlegungen kommt allerdings auch die Frage auf, ob HÖLDERLIN in der Jenenser Konstellation wirklich ganz selbständig zu seinem Konzept kam, um es dann im Gespräch so geltend zu machen, daß der achtzehnjährige ZWILLING in seinen Bann gezogen wurde. Man könnte sich auch vorstellen, daß in Jena schon bald nach FICHTES Ankunft Gespräche im Gang waren, in denen die Denkweise nahegelegt wurde, die HÖLDERLINS erster philosophischer Text auch zum ersten Male dokumentiert. Es könnte immerhin sein, daß HÖLDERLIN von solchen Gesprächen mehr gewonnen hat als sein Text selbst anzeigt. Unter HÖLDERLINS theoretischen Texten ist *Urteil und Sein* einzig in seiner Art, — und zwar darum, weil in ihm Grundfragen der Philosophie direkt und in der Form des Aufrisses eines Systems behandelt werden. Hätten wir nicht SINCLAIRS *Philosophische Raisonnements* kennengelernt, so wäre die Originalität der Konzeption von *Urteil und Sein* vielleicht nicht so auffällig hervorgetreten. Mit ihnen zusammen tritt die Weite des systematischen Ausgriffs von *Urteil und Sein* deutlicher hervor als in HÖLDERLINS Blatt für sich allein.

Die späteren theoretischen Texte Hölderlins sind zwar von vergleichbarer Originalität. Sie zeigen aber nicht die gleiche thetische Sicherheit bei der Behandlung von Grundfragen. Das mag sich daraus erklären, daß diese Texte überwiegend Entwürfe für kunsttheoretische Aufsätze sind und daß andere philosophische Arbeitsmanuskripte HÖLDERLINS, die sicherlich niedergeschrieben worden sind, nicht erhalten blieben. Und man stellt sich beiläufig sogleich die Frage nach den uns derzeit unbekannten Umständen, kraft deren *Urteil und Sein* auf uns gekommen ist. Es ist aber auch nicht auszuschließen, daß die Konstellation im Jena FICHTES dazu beigetragen hat, daß HÖLDERLIN eben nur dort in der Weise, die den Text seines Blattes auszeichnet, zu seiner philosophischen Konzeption gelangen konnte. An HÖLDERLINS philosophischer Originalität ist gewiß nicht zu zweifeln. Das Konzept von *Urteil und Sein* nimmt in aller Klarheit die Probleme auf, die in HÖLDERLINS Anthropologie und in der Anlage des *Hyperion*-Romans schon entfaltet waren. Dennoch müssen wir eingestehen, daß wir die Konstellation nicht kennen, in der sie zu einem ersten, einem überzeugenden und einem HÖLDERLINS und sogar Hegels Weg durchaus beherrschenden Ausdruck kam. Wir wissen also nicht, über welche Gespräche, Anregungen und Herausforderungen diese Originalität gerade in Jena auch wirklich philosophisch produktiv geworden ist.

Solche Überlegungen und Fragen machen ein Defizit in unseren Kenntnissen über die Entstehungsbedingungen des spekulativen Idealismus bewußt. Es zu beheben ist die nunmehr dringlichste und die vermutlich letzte historische Forschungsaufgabe für die neue Verständigung über die Geschichte von KANT bis Hegel: Wir haben über die Diskussionslage und die philosophische Situation um FICHTE in den Jahren 1794—1796 insgesamt so gut wie keine Kenntnisse. In eben dieser Situation hat sich HÖLDERLINS Selbständigkeit ausgebildet. Und in ihr muß es wohl auch schon zum Einfluß auf ZWILLING und zur Ausbildung von dessen eigenständiger Konzeption im Rahmen des Grundansatzes des Homburger Kreises gekommen sein.

Die Frage nach der Gesprächslage der Jenaer Studenten und Professoren um FICHTE bringt dann zugleich auch die weitere Frage nach der Konstellation herauf, in die FICHTE eintrat, als er REINHOLDS Professur übernahm. Denn man kann nicht annehmen, daß die der Konstellation um FICHTE vorausgehende Konstellation keinen Einfluß hatte auf die Art der Rezeption seiner Wissenschaftslehre und auf die Art der Kritik, die sie womöglich alsbald auf sich gezogen hat. Diese Kritik kann nicht nur die der strikten KANTianer gewesen sein. Um also die Umstände deutlicher vor Augen zu bekommen, denen HÖLDERLIN und die Homburger Freunde in Jena ausgesetzt waren, müssen wir uns auch darum bemühen, die Situation um den gefeierten, in seiner Vorstellungstheorie aber unsicher gewordenen REINHOLD vor seinem Abschied von Jena zu verstehen.

Jena war in jenen Jahren mit Weimar eines der beiden in einem Doppelstern vereinten Zentren des geistigen Lebens in Deutschland. Und daraus erklärt sich neben seiner Anziehungskraft auf Studenten auch seine Zentralstellung in der Philosophie. Aber alle Kenntnisse über die Jenaer Konstellation, in der sich die Ausbildung der Homburger Philosophie ereignete, sind, sofern sie überhaupt im Druck zugänglich sind, in zahlreiche Publikationen verstreut, die zum Teil beinahe apokryph sind und die zumeist um anderer als philosophischer Interessen willen zustande kamen. Noch nie ist der Versuch unternommen worden, das intellektuelle Profil der Jenaer Situation zwischen 1792 und 1796 so aufzuzeigen, daß verständlich wird, wie, sei es innerhalb seiner, sei es auch von ihm veranlaßt, ein Schritt in der Richtung auf das spekulative Denken vollzogen werden konnte, der so wesentlich war, daß ohne ihn auch Hegels System ohne eine seiner wichtigsten historischen Möglichkeitsbedingungen gewesen wäre.

So ist es gerade die Tatsache, daß die Philosophie des Homburger Kreises nunmehr in einem hinreichend deutlichen Umriß hervorgetreten ist, welche das Defizit unserer Kenntnis in Hinsicht auf Jena deutlich zum Bewußtsein bringt. Aus dem gleichen Grund, aus dem sich die Aufmerksamkeit der Forschung in der Aufnahme der Arbeiten von LUDWIG STRAUSS für zwei Jahrzehnte auf dem Homburger Kreis konzentrierte, ist nunmehr eine Konzentration auf die Situation in Jena notwendig geworden, aus der und in der der Homburger Kreis hervorgegangen ist, — und zwar so sehr, daß man ihn vor dem Beitritt Hegels eigentlich als den „Jenaer Kreis der Homburger" bezeichnen sollte. Ist man einmal auf ihn als solchen aufmerksam geworden, so wird es nötig, die in eine breit gefächerte Literatur mit anderen Interessen verstreuten Dokumente über die Brennpunkte des Gesprächs in Jena und die Ideen, die es beherrschten, zusammenzubringen. Geboten ist zudem, und wahrscheinlich vor allem, die Suche nach noch ungedruckten Dokumenten in Nachlässen und Archiven in Gang zu setzen. Es muß zumindest möglich sein, die Denkweise der Professoren um REINHOLD und FICHTE während jener Jahre darzustellen, womit es dann auch möglich werden sollte, den Adressaten von ZWILLINGS Brief zu identifizieren. Es ist nicht einmal ganz auszuschließen, daß auf diesem Weg der Brief selbst noch einmal ans Licht kommt.

Hat man sich diese Probleme auch nur gestellt, so zeigen sich schon manche Zusammenhänge in einem neuen Licht, die als solche vergleichs-

weise leicht zur Kenntnis kommen können. Nur einer sei zum Schluß er-
wähnt: Das Jenaer Interesse am griechischen Skeptizismus und am philosophischen Skeptizismus überhaupt. Es war durch JACOBIS zweites philosophisches Hauptwerk und durch SCHULZES und MAIMONS Auftreten gegen REIN-
HOLD unabweisbar geworden. Aber auch TENNEMANN und NIETHAMMER haben
früh über den Skeptizismus gearbeitet. In HÖLDERLINS und SINCLAIRS Texten ist
die Bemühung um die richtige Lokalisierung der Position des Skeptikers im
philosophischen System ein auffallend wichtiges Motiv. Man möchte sogleich auch noch an Hegels späteren Jenaer *Skeptizismus*-Aufsatz denken, —
wie schließlich auch an die SPINOZAarbeit in Jena, die aus Gründen, die gleichfalls noch der Aufklärung harren, auf den Jenaer Professor PAULUS zurück-
geht, der wie DIEZ, NIETHAMMER und HÖLDERLIN aus Schwaben gekommen war.
Es läßt sich wohl sagen, daß die Zuordnung einer durch den Skeptizismus
bedingten Problemlage zu einer durch SPINOZA erschlossenen Denkmöglichkeit den Horizont auslegt, in dem Denker, die von KANT, REINHOLD und FICHTE
ihren Ausgang nahmen, zu ihrer Selbständigkeit kamen und die Theorieformen des spekulativen Idealismus aufbauten.

Wir wissen zwar schon vieles über das Einwirken spinozistischer Motive
auf die Rezeptionsgeschichte von KANTS kritischer Philosophie.[11] Aber noch
ist nicht bis ins Einzelne verfolgt worden, auf welche Weise sich Möglichkeit
und Bereitschaft dazu vorbereiteten, in der Denkfigur SPINOZAS einen Ansatz
gleichermaßen zur Revision und zur Vollendung von KANTS Vernunftsystem
zu sehen und sie somit als Zeugen für eine Denkmöglichkeit aufzurufen, in
der sich auch für die nachkantische Philosophie eine letzte und letztlich
verbindliche Denkmöglichkeit erschließt. Daß eine diesem Ausgriff günstige
Konstellation durch JACOBIS Anstoß und die Systematizität von REINHOLD
vorgesehen war, läßt sich wohl vergleichsweise leicht verstehen. Wie sie sich
aber in wirklichen Gedanken und in Erkundungen im Symphilosophieren
umgesetzt hat, bis sie schließlich im Denken der Homburger in Jena zu
geschichtsmächtiger Wirksamkeit kam, müßte in einer Untersuchung ausgemacht werden, welche die wenigen Jahre der ersten Blütezeit der Jenenser
Philosophie, sozusagen in Feineinstellung, zum Thema hat.

Ob dieser nunmehr aufzunehmende Forschungsgang Ergebnisse von derselben Wichtigkeit und Aufschlußkraft einbringen wird wie die Bemühungen um die Aufklärung des Homburger Kreises, läßt sich nicht voraussagen.
Aber die Aufgabe selbst ist unabweisbar gestellt, — als wohl letztes Glied der
historisch-philologischen Erschließung des Weges des spekulativen Idealismus.

---

[11] Vgl. *H. Timm: Gott und die Freiheit*. Bd 1. Frankfurt 1974.

LITERATURHINWEISE

Strauß, Ludwig: Jacob Zwilling und sein Nachlaß. In: Euphorion 29 (1928), 365—396

Ders.: Aus dem Nachlaß Johann Gottfried Ebels. In: Euphorion 32 (1931), 353—393

Raabe, Paul: Das Protokollbuch der Gesellschaft der freien Männer in Jena 1794—1799. In: Festgabe für Eduard Berend zum 75. Geburtstag am 5. Dezember 1958. Weimar 1959. 336—383.

Henrich, Dieter: Hölderlin über Urteil und Sein. Eine Studie zur Entstehungsgeschichte des Idealismus. In: Hölderlin-Jahrbuch 14 (1965/66), 73—96.

Pöggeler, Otto: Hegels Jugendschriften und die Idee einer Phänomenologie des Geistes. Habil. masch. Heidelberg 1966.

Henrich, Dieter: Hegel und Hölderlin. In: Ders.: Hegel im Kontext. Frankfurt a. M. 1971. 9—40.

Hegel, Hannelore: Isaak von Sinclair zwischen Fichte, Hölderlin und Hegel. Ein Beitrag zur Entstehungsgeschichte der idealistischen Philosophie. Frankfurt a. M. 1971. (Philosophische Abhandlungen. 37.)

Das älteste Systemprogramm. Studien zur Frühgeschichte des deutschen Idealismus. Hg. v. Rüdiger Bubner. Bonn 1973. (Hegel-Studien Beiheft. 9.)

Pöggeler, Otto: Sinclair-Hölderlin-Hegel. Ein Brief von Karl Rosenkranz an Chr. Th. Schwab. In: Hegel-Studien 8 (1973), 9—53.

Henrich, Dieter: Beethoven, Mozart und Hegel auf der Reise nach Krakau. In: Neue Rundschau 88 (1977), H. 2, 165—199.

Homburg vor der Höhe in der deutschen Geistesgeschichte. Studien zum Freundeskreis um Hegel und Hölderlin. Hg. v. Christoph Jamme und Otto Pöggeler. Stuttgart 1981. (Deutscher Idealismus. 4.)

„Frankfurt aber ist der Nabel dieser Erde". Das Schicksal einer Generation der Goethezeit. Hg. v. Christoph Jamme und Otto Pöggeler. Stuttgart 1983. (Deutscher Idealismus. 8.)

Jamme, Christoph: „Ein ungelehrtes Buch". Die philosophische Gemeinschaft zwischen Hölderlin und Hegel in Frankfurt 1797—1800. Bonn 1983. (Hegel-Studien Beiheft. 23.)

Mythologie der Vernunft. Hegels „Ältestes Systemprogramm des deutschen Idealismus". Hg. v. Christoph Jamme und Helmut Schneider. Frankfurt a. M. 1984.

Mainz-„Centralort des Reiches". Politik, Literatur und Philosophie im Umbruch der Revolutionszeit. Hg. v. Christoph Jamme und Otto Pöggeler. Stuttgart 1986. (Deutscher Idealismus. 11.)

PERSONENREGISTER

Hegel bei Meiner

Die historisch-kritische Akademie-Ausgabe **Georg Wilhelm Friedrich Hegel. Gesammelte Werke (GW)** ist grundsätzlich chronologisch angelegt und wird alles umfassen, was von Hegel überliefert ist: die publizierten Schriften in den verschiedenen Fassungen, Manuskripte, Fragmente, Exzerpte, Vorlesungsnachschriften, Briefe und den amtlichen Schriftwechsel.

Als *erste Abteilung* sind in 22 Bänden alle gedruckten Schriften sowie überlieferte Manuskripte und Entwürfe von Hegels Hand veröffentlicht.

Die *zweite Abteilung* umfaßt die Vorlesungen Hegels auf der Grundlage der überlieferten Nachschriften. Sie ist ein unverzichtbarer Bestandteil der GW, da Hegel wesentliche Systemteile seiner Philosophie (etwa die Ästhetik, die Naturphilosophie, die Religionsphilosophie) nicht in ausgearbeiteter Form publiziert, sondern nur mündlich vorgetragen hat.
meiner.de/hegel-gw

Die als **G.W.F. Hegel. Vorlesungen. Ausgewählte Nachschriften und Manuskripte** gesondert vorgelegten Ausgaben einzelner, besonders aufschlussreicher Vorlesungsnachschriften beschränken sich auf die Präsentation ausgewählter Texte und gingen der Edition der Vorlesungen in den Gesammelten Werken (GW) voraus. Das Ziel dieser Ausgabe lag darin, kritisch gesicherte und edierte Texte zu einzelnen Entwicklungsstadien der Hegelschen Vorlesungen für die Forschung verfügbar zu machen. Die Bände der Reihe bieten die Texte in modernisierter Orthographie und Interpunktion. Einleitungen erläutern die Textgeschichte sowie die editorischen Prinzipien. meiner.de/hegel-vorlesungen

Die **Hegel-Studien** publizieren fortlaufend philosophisch-systematische wie kritisch-philologische Arbeiten zu Hegel und informieren über die international anwachsende Literatur in Rezensionen und bibliographischen Beiträgen.

Als **Hegel-Studien Beihefte** werden vor allem Monographien zu Fragen der Hegel-Forschung und Tagungsbände veröffentlicht. meiner.de/hegel-studien

Die **Philosophische Bibliothek** bietet Hegels wichtigste Werke als Studienausgaben, so u.a. die *Grundlinien der Philosophie des Rechts*, die *Phänomenologie des Geistes*, den *Dialogischen Kommentar zur Phänomenologie des Geistes* von Pirmin Stekeler, die *Vorlesungen über die Philosophie der Kunst*, die *Wissenschaft der Logik* und viele andere mehr. meiner.de/phb

meiner.de